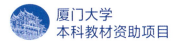

厦 门 大 学 广 告 系 列 教 材

公益广告
艺术创作

罗 萍 ◎著

厦门大学出版社
XIAMEN UNIVERSITY PRESS
国家一级出版社
全国百佳图书出版单位

图书在版编目（CIP）数据

公益广告艺术创作 / 罗萍著. -- 厦门：厦门大学
出版社，2023.6
厦门大学广告系列教材
ISBN 978-7-5615-8299-2

Ⅰ．①公… Ⅱ．①罗… Ⅲ．①公益广告－创作－高等
学校－教材 Ⅳ．①F713.842

中国版本图书馆CIP数据核字(2021)第228399号

出 版 人　郑文礼
责任编辑　姚五民
美术编辑　李夏凌
技术编辑　朱　楷

出版发行　厦门大学出版社
社　　址　厦门市软件园二期望海路 39 号
邮政编码　361008
总　　机　0592-2181111　0592-2181406(传真)
营销中心　0592-2184458　0592-2181365
网　　址　http://www.xmupress.com
邮　　箱　xmup@xmupress.com
印　　刷　厦门集大印刷有限公司

开本　720 mm×1 000 mm　1/16
印张　10.25
插页　1
字数　150 千字
版次　2023 年 6 月第 1 版
印次　2023 年 6 月第 1 次印刷
定价　46.00 元

厦门大学出版社
微信二维码

厦门大学出版社
微博二维码

序 一

罗萍教授的新作《公益广告艺术创作》是高校中鲜见的教材。她为公益广告的传播添上了绚丽的一笔。

众所周知:新闻是无偿传播,真实是新闻的生命;商业广告是巧传真实的有偿传播,创意是商业广告的灵魂。公益广告则兼有新闻与商业广告的属性,它为公众利益提供无偿服务,宣传公益观念,倡导先进的社会风尚,对大众进行道德和文明教育,是一种重要的有利于社会主义精神文明建设的广告宣传形式。为了推进公益广告并取得良好的宣传效果,除内容外,其艺术表现也不可忽视。

2016年中央文明办召开全国公益广告工作推进会,会议强调:"进一步推进公益广告宣传工作,要把公益广告作为面向基层、面向群众开展思想政治教育、传播社会主义核心价值观的有效载体,作为精神文明建设的重要任务切实抓紧抓好。要牢牢把握宣传主题,进一步突出公益广告的思想道德内涵,凝聚奋发向上、崇德向善的强大力量。要把创新的理念体现在公益广告的策划制作之中,把思想性艺术性观赏性有机结合起来,做到吸引人打动人感染人。"而以往大学的传播学科并没有对公益广告进行系统的教学,也没有专门的教材,不能够满足大学生对公益广告深入学习和研究的条件。全国大学生广告艺术大赛(简称"大广赛")自2005年创办以来,每届大赛都根据实际情况设置公益广告命题,让大学生通过创作树立起正确的世界观、价值观、人生观,将社会主义核心价值观根植于心,并转为情感认同和行为习惯。14届"大广赛"的14个公益命题创作,收获了大学生对公益广告的深度认知,同时也丰富了教师们的教学内容。罗萍教授的这本书系统介绍了公益广告的艺术特性、发展历史、创作的艺术表现方法等知识,是对大学生公益广告创作的教学指导。我相信,大学生们通过系统学习,会在今后的实践中创作出更具思想性、艺术性的好作品。

国无德不兴,人无德不立。2021年4月,习近平总书记在清华大学考察时说:"当代中国青年是与新时代同向同行、共同前进的一代,生逢盛世,肩负重任。"2022年10月党的二十大报告中指出:"教育是国之大计、党之大计。培养什么人、怎样培养人、为谁培养人是教育的根本问题。育人的根本在于立德。全面贯彻党的教育方针,落实立德树人根本任务,培养德智体美劳全面发展的社会主义建设者和接班人。"

高校的公益广告教学,是思政课的第二课堂。有助于大学生把社会主义核心价值观融入思想中,落实到行动上;有助于大学生坚守中华文化立场,增强中华文化传播能力;有助于大学生讲好中国故事、传播好中国声音和中国形象,成为社会主义新时代有素养、有品格的卓越人才。这同样也是本书出版的意义。

人民日报社编审
中国高等教育学会广告教育专委会副理事长、秘书长
全国大学生广告艺术大赛组委会副主任、秘书长

序　二

　　二十多年来，罗萍教授一直在厦门大学新闻传播学院广告学系承担广告艺术设计课程的教学工作。在多年的教学实践中，她将公益广告的创作作为重点教学模块，指导学生设计了许多优秀的公益广告作品。在广告传播理论与实践的探索中，她将广告艺术作为研究方向，将公益广告作为重要的探索内容。2019年，她在原"广告视觉设计"课程的基础上，脱胎出了一门独立的课程——"公益广告创作"，并将课程心得结集出版。本著作的出版，对完善广告学专业课程建设和广告学丛书的进一步成熟有着重要意义。

　　公益广告曾经是一个鲜为人知的词语，如今已大步流星闯进我们的视野，走入社会生活中，给繁荣的广告业增添了新的色彩和生气，并在倡导社会文明风尚，尽心尽力为社会大众无私服务的奉献中，在流光溢彩的广告百花园中脱颖而出，独树一帜，赢得了社会的认可和公众的青睐，为现代城市文明和社会进步增添了一道绚丽多彩的风景线。公益广告的社会责任性、教育引导性、情感号召性和艺术性等属性，决定了它不仅仅属于广告领域，也不仅仅属于艺术领域，而是属于跨艺术学与传播学两个学科的知识领域，是一种承担着促进社会文明进程和树立社会新风气的使命的广告艺术。

　　本书的重要特色在于作者从公益广告艺术的特性到公益

广告的发展，再到公益广告艺术创作的方法展开论述，循序渐进，构建了公益广告作品创作的实践教学框架和创作方法。本书第七章中以艺术批评理论为基础，结合公益广告艺术创作的特点，总结了公益广告艺术创作评价的"五观"基本标准，对现实具有指导意义。

互联网与信息交互技术的迅猛发展，推动了媒体的快速更新，也造就了如日中天的体验经济。喷涌而出的各类新媒体、新技术，在为人类社会提供便利之余，也在不断重塑着人们的媒体观念，优化、重构乃至颠覆着人们的信息行为方式。相较于传统媒体所强调的多感官互动体验，新媒体也为公益广告艺术创作提供了新机遇、新任务、新挑战。希望本著作的出版，能进一步使公益广告的艺术表达得到重视和提升，从而更好地与新技术、新媒体相结合，深化受众对公益广告作品主题与内容的思考与理解，进一步引起社会对公益广告发展重要性的重视，让公益广告更好地发挥传播优秀文化、传播真善美、推动社会发展的重要作用。这是本著作出版的重要意义和使命。

厦门大学特聘教授、博导
中国广告协会广告学术委员会终身名誉会长
2021 年春节

目　　录

第一章 绪 论

本书从广告艺术的角度,依据公益广告的特性,探讨公益广告作品的创作规律,尽可能阐明和梳理公益广告作品表现所需的知识结构和环节,帮助创作者达成创作优秀公益广告作品的目的。本书不是对公益广告的一般性描述,而是通过对公益广告创作的系统介绍,引出一条让公益广告作品落地的途径。本书从"艺术"视角看公益广告作品创作,结合公益广告的传播特点,提出了对公益广告作品品质的要求和追求。同时,本书依据文艺创作理论和艺术设计方法,对"公益广告艺术创作"作了理论与实践两方面的专业探讨。

第一节 相关概念与主要内容

万丈高楼平地起,千里之行始于足下。这里首先从相关概念梳理开始,再对本书的主要内容作介绍。

一、相关概念的梳理

为了使"公益广告艺术"的概念更清晰,我们对"公益广告""广告艺术""公益广告艺术""艺术""美术""艺术设计"等容易混淆的概念分别作以下界定。

（一）公益广告的概念

公益广告是区别于商业广告而存在的概念,在广告传播中,公益广告和商业广告二者既有共性又各司其职。共性是都以传播信息为职能,都具有传播先进文化的社会功能。不同的是:公益广告主要传播的是思想观念,商业广告主要传播商品信息;公益广告更多地体现社会关怀,商业广告是在传播商业信息的同时也传播一定的价值观;公益广告免费为公众服务,不获取经济利益,而商业广告产生经济收益。公益广告所传播的观念更直接、集中地体现着广告人的社会责任和理想追求,体现着广告人对自然万物千丝万缕的情感以及对民族文化的深厚责任。公益广告是一种社会广告,它的主要意义在于推动社会进步、推动文化传承、推动审美教育。

公益广告的作用,其一,通过向公众输送思想文明观念、培养道德情操、规避不当行为,以提高社会的文明程度。其二,公益广告本身是先进文化的代表,在对外传播时,公益广告是国家的名片,传播国家话语和国家形象;在对内传播时,公益广告传播先进文化,发挥着文化传承的精神软实力的作用。如2015年,国家主席习近平访问美国,让公益广告先行展开公共外交,中国驻美使馆在华盛顿街头70处公共自行车站发布自行车运动公益广告,并在华盛顿70辆公交车车身上投放中国野生动物保护广告,这是近年来以公益广告传播国家形象的典型案例之一。其三,公益广告自身还以艺术的表现方式传播美,对社会环境美化也起着重要作用。因此,公益广告有独特的社会意义、文化意义、审美意义。公益广告的良好声誉,也使政府或企业通过公益广告树立自身良好的社会形象,巩固公信力或品牌地位。无论是公益广告还是商业广告,其实都需要文化艺术性对品牌的传播和提升。商业广告在追求经济利益的同时也一定是关注社会效益的,代表了推动社会进步、传播先进文化、引领时代潮流等广告人的责任。因此,"广告不仅直观地反映着各经济体对市场的心理预测,更折射出一个国家或地区文化创意的整体水平和精神面貌"①。

(二)广告艺术的概念

广告艺术是一种多元的、综合的艺术。这里所说的广告艺术主要是指广告的外在表现形式——广告的艺术表现。广告的外在表现形式就是广告呈现的作品形式。广告作品形式是借助艺术语言表现出来的,通常也被称为广告设计。广告设计运用的艺术语言有绘画语言、摄影语言、文学语言、音乐语言、影视语言等,它们应用于平面广告、广播广告、电视广告、新媒体广告等作品。广告艺术不是独立存在的,它是为一定的广告主题内容服务的,是在尊重广告传播规律的基础上追求艺术美。它还伴随着新科学技术的应用以实现作品创作。成功的广告艺术要做到:广告主题鲜明突出,信息单纯集中;表现形式和谐,视觉上给人以形式美感;表现手法独特新颖而有创造性。

(三)公益广告艺术的概念

公益广告艺术具有公益广告和艺术两方面的特性。公益广告艺术是为公益广告主题服务的,在尊重公益广告主题和传播规律的基础上追求艺术美,用艺术语言和方法帮助公益广告作品落地,增加公益广告的艺术感染力,发挥公益广告真善美的特性和独特魅力,最终达到公益广告传播的目的。公益广告的表现离不开艺术表现形式,公益广告艺术水平的高低直接影响到公益广告作品的传播效果和接受效果。公益广告表现所需要的技巧和技能是艺术的技巧和技能。公益广告的诉求只有辅以艺术的表现才能够实现主题表达准确、诉求表现的美和传播效应的最大化。公益广告如果没有艺术的参与,就会产生品味的缺失和美感的缺失。

(四)艺术的概念

"艺"古字写作"埶",其字形像一个人双手持草木跪地,表示种

---

① 张国华.时代定义广告,广告顺应时代[J].现代广告,2021(10):1.

植草木。种植草木是一门技艺,技艺是既需要"技"也需要"艺"的,"艺"也有才能的含义。"术"有技术、技能、方法的含义。"艺术"从字面上理解就是指掌握了做某种事的专门才能,或某种手艺,达到了出神入化的地步,游刃有余,给人以艺术般的享受。从学科分类上看,"艺术"是文学、美术、雕塑、建筑造型、音乐、舞蹈、戏剧、电影等的总称。

(五) 美术的概念

美术是艺术中包含的一个门类,也称为"造型艺术"、"纯艺术"或"绘画"。美术是"美的艺术",是用美的表现语言表达绘画等视觉艺术的作品。美的意识萌芽是人类发展进入高级阶段的重要标志之一。另外,我们需要区分美术与美学的概念,美术与美学分属不同学科,美术从属于艺术学科,美学从属于哲学学科。

(六) 艺术设计的概念

"设计"一词在广义上可以被理解为:计划、规划、构想或寻求解决问题的途径与方法并落地实施,是思维活动和实践活动的统一。从这个意义上来说,人类所有原创活动都可以被称为设计。但是我们这里所说的"设计"特指的是艺术设计,它是随着现代工业革命而诞生的新兴学科。艺术设计有平面的、立体的等不同门类,但不同类型设计的三大艺术特征——功能性、艺术性和科学技术含量是共同的。艺术含量的高低决定着作品的表现和成败。从古到今,设计的艺术追求都能在设计作品中体现出来,无论是远古的彩陶还是现代的时尚设计。从漫长的原始社会直至现代化的今天,人类社会发生了翻天覆地的变化,但是,设计从来没有停止过对艺术的追求,无不在功能的基础上追求尽可能完美的艺术形式。现代科技的发展使艺术设计具有了科技含量很高的现代美、新奇的造型美、科幻的意趣美等,为艺术设计拓展了新天地、增添了新情趣。

艺术设计和纯美术的绘画,同属于大美术范畴,但从本质上讲,纯美术的绘画和设计所承担的任务是不同的。纯美术绘画的主要目的是求美,它的创作是自由的,而艺术设计是在很强的功利的目的下求美,所以艺术设计与纯美术是很不一样的。艺术设计有很多的功利需求和实用性需求,所以业界称之"戴着镣铐跳舞"。但是纯美术的绘画是一切视觉艺术的基础和基本功,是艺术设计所要借用的"美"的表现语言,因而美术绘画是艺术设计发展的土壤和源泉。

二、本书的主要内容

本书探索性地总结和阐释创作优秀公益广告艺术作品的方法和规律,推动公益广告中的文化传承、审美教育等功能的发挥。

关于公益广告艺术创作的讨论十分必要和紧迫。目前我国的公益广告事业蓬勃发展,公益广告的社会影响力也不断增大。但我们在作品的品质、整体创作水平等方面还有很大的提升空间,需要解决作品的同质化、创意平庸和制作粗糙等问题。如今社会物质文明高度发展,人们在精神文明方面的需求越来越强烈,对美的需求和审美的水平都在快速提高。公益广告作品如果还仅仅停留在传播信息上,而没有美的艺术形式伴随,一方面无法对信息作更好的诉求表达,另一方面也无法满足受众的需求。只有加强和重视公益广告作品中的艺术品质,才能创作出理想的公益广告作品。公益广告艺术作品是思想性和艺术性的统一,是真善美在作品中的体现。艺术美在公益广告创作中尤为重要。本书的意义就在于此。

本书的研究对象是公益广告艺术作品,能称得上是"公益广告艺术作品"的,一定是优秀的公益广告作品,如果不优秀,就不能称之为"艺术"。这里的艺术代表一种对美的理想追求,缺少了"艺术"两字,就缺少了标准,就无法评判作品的高低优劣。

本书共分七个章节,主要从认识、知识、方法、审读四大方面循序展开,形成了创作优秀公益广告作品的学习路径。四大方面的内容既相互连贯,又互相交叉渗透、融合统一。本书提出了以下主要观点。

1.公益广告艺术与其他任何艺术一样具有求真、求善、求美的艺术特质。因此,创作公益广告艺术作品要将追求真善美作为理想,把为人民服务和实现社会责任放在首位。

2.公益广告是人类文明发展进程中的文化结晶之一,对社会发展和人类进步起着重要的推动作用,因此,我们要从文化历史视角考察公益广告艺术的历史。公益广告不仅具有社会属性,也具有文化艺术属性。公益广告艺术与其他类文化艺术有着千丝万缕的联系,有着深厚的历史根源。我们要在历史的发展中善于向经典学习,从中外传统艺术作品、经典文艺理论和现代艺术精品中去寻找榜样和方法,从生活中寻找灵感,从高瞻远瞩者那里寻求指导,这样才能创作出优秀的公益广告艺术作品。

3.公益广告艺术创作与文学艺术创作一样,须遵循内容和形式两大方面的创作规律。早在 1942 年 5 月,毛泽东同志在延安文艺座谈会上的讲话中就提出了文艺作品的基本标准:"我们的要求则是政治和艺术的统一,内容和形式的统一,革命的政治内容和尽可能完美的艺术形式的统一。缺乏艺术性的艺术品,无论政治上怎样进步,也是没有力量的。"①2014 年习近平同志在文艺工作座谈会的讲话中指出:"优秀文艺作品反映着一个国家、一个民族的文化创造能力和水平。……人类文艺发展史表明,急功近利,竭泽而渔,粗制滥造,不仅是对文艺的一种伤害,也是对社会精神生活的一种伤害。低俗不是通俗,欲望不代表希望,单纯感官娱乐不等于精神快乐。文艺要赢得人民认可,花拳绣腿不行,投机取巧不行,沽名钓誉不行,自我炒作不行……精品之所以'精',就在于其思想精深、艺术精湛、制作精良。……好的文艺作品就应该像蓝天上的阳光、春季里

---

① 毛泽东.在延安文艺座谈会上的讲话[M]//毛泽东选集:第3卷.北京:人民出版社,1953.

的清风一样,能够启迪思想、温润心灵、陶冶人生,能够扫除颓废萎靡之风。……做到春风化雨、润物无声。"① 这些观点都是本书的重要指导思想。

4.马克思、恩格斯在《论艺术》中提及作品的审美作用时指出:"一件艺术品——任何其他的产品也是如此——创造一个了解艺术而且能够欣赏美的公众。"② 这也是对本书有重要启示的理论,提示我们要重视作品对公众的审美教育这一重要方面。

5.本书从东西方艺术批评理论中汲取精华,提出公益广告评价标准体系:从内容的真与善和形式的美三者的统一来审视和评价作品;从对传统文化的继承与发展的文化性方面去审视和评价作品;从专业语言方面去审视和评价作品;从广告法律法规视角审视和评价作品;从社会评价方面去审视和评价作品。同时,据此提出"五观"的评价标准供创作者和评价者参考:一要观其主题与形式的统一;二要观其民族文化的继承与发展;三要观其专业语言;四要观其法律法规的遵守;五要观其社会评价。

第二节　公益广告艺术的特质

这里所说的"特质",意为特有的性质、品质、气质。本节通过对公益广告艺术的概念、主题、形式的辨析,分析得出公益广告艺术有求真、求善、求美的特质。

---

① 习近平.在文艺工作座谈会上的讲话[N].人民日报,2014-11-15.
② 马克思,恩格斯.论艺术[M].北京:人民文学出版社,1960.

一、公益广告艺术求真的特质

"公益"是公共利益的简称,它包含为公众利益服务而不求回报之意。在《辞海》中,公益广告的释义是:"为公众切身利益服务的非营利性广告。"①

基于媒体传播的公益广告概念,是相对于商业广告而言的。公益广告在英语中的通用表述是 public service advertising。美国广告公司协会(American Association of Advertising Agencies,简称 4A)认为:"公益广告力图通过广告宣传影响社会公众对热点问题的态度和行为,以推动社会问题的解决。"②在日本,公益广告这一概念是指广告主体(通常是企业和社会团体)为了彰显自己的社会责任,表现出自己作为社会问题参与者,促进了社会或环境问题解决的姿态,并将这一想法向受众阐明的广告。在英国,公益广告的概念包含"政府对企业实行社会责任指数考评,规定企业的社会责任,以此来增加企业的品牌价值,提升企业的竞争力"等要素。

在我国,关于公益广告较具代表性的观点有:"企业参与公益为公益广告的制作与发布,提供持续的资金支持,保证公益广告的持久发展,主动承担属于自己的社会责任。"③我国学者丁俊杰等认为:"公益广告,是公共广告的一个组成部分,是不以营利为目的,为社会公共利益而创作发布的广告,所以它又叫做由社会参加的为社会服务的广告,公益广告区别于商业广告的特点是它的非营利性,它通过呼吁公众对某一社会性问题的注意,去规范公众的言行举

---

① 辞海编纂委员会.辞海[M].上海:上海辞书出版社,2020:1381.
② 李海容.公益广告与社会营销[J].现代广告,1997(3):101-106.
③ 左明霞.我国公益广告运作模式初探:兼谈国外公益广告运作模式[J].黄冈师范学院学报,2008,28(6):87-89.

止,以达到培养良好的社会文化和风气的目的。"①黄升民认为:"公益广告的最终目的不外乎是促进社会进步,而不该去计较是否具有了商业意图。"②还有学者认为:"公益广告是以公共利益为目的而设计的广告,是企业和社会群体对消费者的反映。如何在公众中实现公益广告的效果,达到宣传效果,语言的运用是一个关键因素。如果广告语言可以有多种体裁,广泛使用短语和修辞、幽默等正确的语境,那么在一定程度上可以实现公益广告语言的艺术性。"③……关于我国"公益广告"的定义还有一个重要文件,中国国家工商行政管理总局在2014年5月起草了《公益广告促进和管理暂行办法(征求意见稿)》,2016年正式发布了《公益广告促进和管理暂行办法》,对公益广告的概念作了以下界定:"本办法所称公益广告,是指促进社会主义核心价值体系建设,传播先进文化,树立正风正气,倡导良好道德风尚,维护国家和社会公共利益的非营利性广告。旨在培育和践行社会主义核心价值观、规范道德行为、弘扬优良传统、保护生态环境、节约能源资源、宣传遵守法律法规、维护人民健康安全等方面内容发布的广告,均属本办法所称的公益广告。"④

综合以上观点,本书对公益广告的概念界定如下。

公益广告是不以营利为目的,切实为公众利益服务的广告。具体表现在:(1)公益广告传播先进文化、维护社会利益、倡导先进理念、传播正确的价值观,是一种真诚面对公众,发挥教育引领功能和审美功能的广告形式。(2)公益广告是政府、企业或社会团体向公众表示社会责任和诚意的广告。(3)公益广告为谋求公共利益,必然对不当行为做善意的规劝和引导并匡正其过失,发挥团结大众、

---

① 许俊基,丁俊杰,衡晓阳.公益广告初探[J].现代传播(中国传媒大学学报),1991(4):54-58.

② 黄升民."中国公益广告"问题之辨析[J].广告大观(综合版),2007(5):33-35.

③ 王婉莹.公益广告语言的艺术化[J].佳木斯职业学院学报,2017(3):404.

④ 公益广告促进和管理暂行办法[J].中华人民共和国国务院公报,2016(13).

凝聚力量的作用。(4)公益广告通过艺术形式表现出来并投放、发布,公益广告作品有艺术作品的全部特性,最后投放、发布到媒体,与观众见面,形成平面公益广告作品、广播公益广告作品、影视公益广告作品以及新媒体公益广告作品等广告艺术形式。公益广告必须真诚奉行为广大公众服务的理念,并具有艺术形式美,给社会公众和环境都带来审美愉悦。

综上,公益广告艺术是真诚为公众利益服务的广告艺术,没有真心诚意,就没有公益广告艺术。因此公益广告传达的信息一定是真实可信的,传播态度是坚持原则、认真严谨、真情实感、真切担当、反映传媒人良知、为社会负责、真诚协助社会解决问题的。这就是公益广告求真的艺术特质。

二、公益广告艺术求善的特质

“公益”是一个充满善意的词。“公”表达“公正无私”的意思,“益”表达“好”的意思。全球的公益广告诉求主要以人类的大爱为主题,如“保护地球”“爱护生命”等,充分体现了公益广告尊重人性、求“善”的本质。

公益广告追求对社会、对人类、对人类生存的地球有所助益,中国的公益广告对此也有充分体现。目前中国文明网将“讲文明树新风公益广告”主题分为五大类:“中国梦”“爱党爱国”“传统美德”“道德规范”“环境保护”。这五大类主题既体现了国家意志,又体现了社会关怀,较为全面地体现了公益广告的理想追求。据不完全统计,中国公益广告的主题还有:传统文化、社会保障事业、节约资源、健康常识、精神文明、核心价值观、就业问题、卫生保健、世界读书日、体育娱乐、城市公共建设、社区建设、民主与法治建设、公共安全与预防犯罪、保护妇女、保护儿童、保护老年人、保护残疾人、疾病预防控制等等。尤其是我国公益广告注重意识形态的教育功能,较多体现了政府话语、国家政策、思想观念、民众凝聚力等主题。公益广告在弘扬中华民族精神和民族文化、倡导社会主义核心价值体系、推动社会主义建设、传播先进文化、提高人们的思想道德修养和艺术鉴赏能力等方面，发挥了软实力作用。它在传播文化、传播知识、传播价值观、坚定人们的理想信念、规范人们道德行为的思想层面都起到了重要的宣传作用。公益广告的创作和传播不仅是政府部门的职责，也是很多企业极为重视的事。很多国内外知名企业设立公益事业部和基金会，每年在文化、环保、教育、助弱、扶贫等事业上专门列计划回馈社会。所以公益广告是政府和企业向公众表达善意的载体，它无处不体现着传播者的善意。

公益广告的主要功能，至少可以归纳为六大方面：(1)文化传播功能，如传播知识、传播各民族先进文化等。(2)教育引导功能，如文明风尚教育、文化教育、审美教育等。(3)价值观引导功能，如政治观念的引导等。(4)监督警示功能，如反腐倡廉、戒烟等广告给人警示和反思等。(5)组织凝聚功能，如善意的组织引导，凝聚团结力量，谋求社会公共利益等。(6)审美培育功能，如以作品的艺术美、感染力培育公众的审美素养等。

从这六大方面来看，公益广告的确无处不体现着善意的表达，同时传递着向善的价值观。

公益广告艺术的"善"，不仅体现在它的出发点的善意和所传播的内容的善意，还体现在它以美的形式给人美好的感受。因为达到艺术美，才能像蓝天上的阳光、春天里的清风一样，启迪思想、温润心灵，做到春风化雨、润物无声。公益广告艺术始终反映的是向善、向美的人类精神理想的追求，因此，公益广告的诉求都是从善意出发的。

这里要特别注意的是，公益广告艺术的"善"不仅仅是普通意义上的善良和好意，公益广告艺术的"善"最主要代表着一种"良知"、"觉悟"和"境界"，是一种大爱和大善，因此公益广告艺术的画面需要用"良知"、"觉悟"和"境界"来考量。

总之,公益广告艺术是引导人们向善、向德、向美的广告艺术形式,是善念、善心、善言、善行综合体现的广告艺术表现形式。因此,公益广告艺术具有求善的特质。

三、公益广告艺术求美的特质

公益广告艺术"求美"的性质主要体现在艺术表现美和引导公众审美两方面。

公益广告艺术的视觉美感主要来自公益广告艺术表现的"形式美"。形式美是艺术的本体语言,决定着某种艺术是此艺术而不是彼艺术(比如中国画的本体语言与油画的本体语言就不相同,才决定了它们一个是国画的美,一个是油画的美)。原本在美学领域内,关于什么是美有很多说法,也为审美标准带来了困难,但是自从有了形式美的学说以后,我们就将审美标准具体化了。易中天教授在其美学著作《破门而入:美学的问题与历史》中描述:古希腊毕达哥拉斯(公元前 580 — 公元前 500 年)提出"数"是万物的始基。他提出了古希腊第一个美学命题:"美是数的和谐"。这一观点对古希腊艺术家们的影响很大。古希腊人后来找出了各种类似"黄金分割比"的美学原则,他们的建筑、雕塑,喜欢按和谐的比例来制作。这是早期对形式美的重大发现。黑格尔发展了艺术形式说,将艺术美的本质看作是一种形式的美,以及内容与形式的统一。康德在其重要著作《判断力批判》中提出审美的四个契机,即:(1)无利害而生愉快;(2)非概念而有普遍性;(3)无目的性和目的性;(4)共通感。康德带来的启迪在于:审美判断是对主体的判断而非客体。因此:它表面审物,实际审人;美须由主体的审美感受来确证;美只和对象的形式有关,和实存无关;审美判断不是认识,不是发现,而是期待。① 形式美作为一种审美判断,使评价作品的美或不美有了重要的依据。学习艺术专业的人都必须学习形式美的相关知识,也必须特别重视形式美。形式美体现在对称、对比、和谐、统一等规律中。形式美是从自然规律中发现的,也是对作品审美形式的规范和引导。美还在于情感。《破门而入:美学的问题与历史》一书中还写道:哲学和艺术哲学的本义在于"爱智慧",重要的是一颗爱心,一腔对世界、对人生、对真理、对智慧的爱。那些既没有智慧也不爱智慧的人,是不够资格讲哲学的。由此,我们也得到启发,公益广告艺术当中的美应当是一种大爱和大美,是对天地、对人类、对人类命运共同体的大爱,是与这种爱结合在一起的形式美。作为媒体人,有责任通过作品表达和培养这种形式美。每一则公益广告都应该让受众从中感受到美的力量。

公益广告作品引导公众审美,主要是通过公益广告自身作品的美引发受众的审美体验,从而带来审美感受和审美愉悦,引起公众审美共鸣和提升审美水平。不同的时代,公众的审美情趣是有所不同的,如汉代以清瘦为美,唐代以丰腴为美,等等。但"形式美是人类视觉和感官共通的审美规律"②,所以公益广告艺术遵循着"艺术的审美性是内容美和形式美的统一"③的原则。因此,公益广告艺术作品既美化心灵又美化生活、美化环境。公益广告作品不能不追求美,离开美,广告就不能给公众带来美好的感受。试想,粗糙或低劣的作品投放到公共视域,是否会给公众带来视觉污染?答案是肯定的,因为广告的社会责任决定了它必须具有较高的艺术水准,优秀的户外广告、交通广告、店面广告能美化环境,提升城市魅力,广告的艺术性决定了广告作品的品质。此外,公益广告必须有较高的

① 王宏建.艺术概论[M].北京:文化艺术出版社,2010.
② 易中天.破门而入:美学的问题与历史[M].上海:复旦大学出版社,2004.
③ 马克思,恩格斯.论艺术[M].北京:人民文学出版社,1960.

艺术水准才能有良好的诉求效果;公益广告中的形象也必须具有较强的观赏性、较高的艺术性,才能够为人们喜闻乐见,才具有说服力和感染力;公益广告只有使用艺术手段,才能更好地达到说服教育的目的。因此,追求美的公益广告作品才能称得上是公益广告艺术作品。

综上所述,公益广告艺术有"求真""求善""求美"的三重特质。真、善、美三方面不是各自独立的,而是既有各自特点又互相交织渗透,互相影响,形成统一的整体。真和善是公益广告艺术的内容,美是公益广告的艺术形式。真和善必须建立在良知的基础上,真和善是根本,美是真与善的外在显现。真善美是文学艺术作品的普遍追求,公益广告艺术确实具有"求真""求善""求美"的特质,这是创作者必须首先认识到的。

第三节　公益广告艺术的表现

公益广告艺术表现的特性主要体现在它的开放性和独立性两方面。

一、公益广告艺术表现的开放性

公益广告艺术表现呈现出一种开放的综合艺术特性,它借鉴各种艺术成分,综合了多种艺术形式的营养来丰富自身的表现力,形成了融合多种艺术成分的综合体,同时让这些艺术成分与公益广告艺术表现的特性相适应,以发挥表现力。

公益广告艺术表现借鉴和融合的艺术成分有:(1)绘画艺术,绘画艺术以其强大深厚的历史积淀能给公益广告艺术带来美的形象、美的画面、美的艺术表现方法等,满足人们的视觉审美需要,激发人们对公益广告作品的喜爱之情。(2)语言艺术,语言艺术经过人类几千年文明发展演变,在语言技巧和语言表达美感等方面都日益进步和成熟,语言艺术更自由灵活,可以描写抒情,也可以叙事说明,可以描写外部形状,也可以揭示心灵世界,语言对于公益广告宽广灵活的表现力有不可或缺的作用。(3)音乐艺术,音乐艺术在公益广告艺术中主要是通过优美的旋律和歌曲渲染气氛,使人们在享受优美动听的音乐时受到情绪感染,对公益广告产生亲近感和美感。音乐艺术在公益广告中是配合文字和画面的,主要作用是增强美感和感染力。(4)影视艺术,影视公益广告艺术借鉴影视艺术的表现手法,用镜头特写、蒙太奇手法、镜头运动等手法创造艺术情景,以叙事手法发挥影视艺术的特长,传播公益广告内容。影视公益广告也是一个高度凝练的影视艺术短片。除上述艺术的借鉴、融合外,公益广告艺术还不断吸收现代科学技术(如新媒体技术、LED 技术,等等)。成果,使得自身的艺术表现更加精彩。

综上,公益广告艺术表现是一种开放性的综合体,但对于这些艺术的综合,它也是有所侧重的。如在公益广告所综合的多种艺术成分中,图像语言和文字语言是两大支柱,图文并茂是传递信息最基本、最便捷的手段。还有在我国公益广告创作中,借鉴和传承民族文化的经典,如民间美术的剪纸、木刻年画、民间图案、民间泥彩、中国画等艺术形式,中华传统文化和公益广告艺术在这里相得益彰。

二、公益广告艺术表现的独立性

公益广告艺术表现对各类艺术表现手法的借鉴,并不是机械地照搬,而是根据公益广告艺术本身的特点进行运用和发挥。同时,公益广告艺术表现的确有着自身的独立性,主要表现在:

1.公益广告是一种为满足人的精神需求而存在的广告形式。美国著名社会心理学家马斯洛（Abraham H. Maslow），在他的"需求层次理论"中发现，人类的需要是以层次的形式出现的，由低级的需要开始，逐级向上发展到高级层次的需要。这些需要不仅仅是生理的，还有心理的，它们是人类天性中固有的东西。因此，可以说一个人的物质需求得到满足可以活着，一个人的精神需求同时得到满足则能更好地活着。爱、尊重、关怀、肯定、鼓励、支持、知识、理想、真、善、美等需求能使人精神愉悦并带来安全感、归属感，给人极大的满足，是人类不可或缺的需求。这正是公益广告艺术独立存在的意义。所以，公益广告艺术表现是一种针对精神诉求的、传播思想观念的广告艺术形式，它区别于商业诉求的商业广告，也区别于纯艺术而独立存在。

2.公益广告艺术作品内部所显示的艺术形象和艺术语言，一般以正面为主。其大多主要是表现那些真实的、肯定的、积极的、美好的方面，画面较少出现丑陋形象。如果画面中一定需要丑陋或血腥的内容，那就避免使用照片写实的形式，而是使用绘画和艺术设计的象征语言，使其经过艺术处理，降低视觉恐怖感。公益广告是善意的批判，不应当出现人身诋毁等画面，因为公益广告应该体现对人的尊重。还有些常见的错误是在拒绝环境污染的公益广告上，自制"雾霾"，自制"垃圾"，然后再写上广告语："拒绝环境污染"，岂不知自己花了时间，制造的是视觉污染，是对环境的二次破坏。因此，如果使用比喻、暗喻、幽默等艺术语言，就会避免这样的直白和尴尬。这就是公益广告形象的真实性与艺术假定性的统一。广告艺术需要真实性又需要假定性。广告的真实性，指的是广告内容的真实，是本质属性。广告的假定性，指的是艺术手法和手段，是外部的非本质属性。它们不是并列关系，而是主从关系，艺术性服从于真实性，二者互为合理存在。广告真实性与广告艺术假定性的统一，实际也是内容与形式的统一。

思考与练习

1.分析优秀公益广告作品,总结其艺术特性主要体现在哪些方面。

2.通过优秀公益广告作品,分析公益广告求真、求善、求美的艺术特性。

3.公益广告作品的艺术表现的综合性与独立性表现在哪些方面?

4.收集中外优秀平面公益广告作品 200 例,按照时间顺序建立作品库。

第二章 公益广告艺术发展历程

人类在研究历史时发现，文明史和文化史是人类进化史的重要组成部分，审美意识与艺术的萌芽是人类从野蛮进化到文明的重要标志。在《美的历程》一书中，李泽厚先生认为，原始人"穿戴都用赤铁矿染过"，山顶洞人"选择的砾石都很周正，颇像现代妇女胸前佩戴的鸡心（项链）"，表明原始人类意识形态的萌芽和意识形态活动，"亦即包含着宗教、艺术、审美等等在内的原始巫术礼仪就算真正开始了"。① 由此可见，人类早期的文明进步是从思想意识、审美萌芽、图腾崇拜等意识形态的活动开始的，艺术就是文化的一部分，是人类审美意识萌芽和发展的产物。艺术是神圣的，也是平凡的，它既是令人仰视的人类上层建筑的遗产，又是我们生活中不可缺少的美。

人类在社会历史发展过程中所创造的物质财富和精神财富都是留有痕迹的，公益广告艺术也是一样。将这些痕迹串起来，就形成了其文化历史的脉络。本章的主要内容是对我国公益广告艺术的发展脉络做一个较为系统的梳理。

---

① 李泽厚.美的历程[M].北京:人民文学出版社,2021.

第一节　公益广告艺术的文化历史视角

回顾公益广告艺术的历程,首先要从认识它的文化属性开始。文化,是人类从蛮荒进入文明的重要标志,是人类从野蛮时期的低级阶段向高级阶段发展的重要轨迹,是历史车轮碾压过去,留下的一个个璀璨的、光辉的、闪烁着人类智慧和美的遗产。文化是人类文明发展的各个阶段遗留下来的以思想、艺术、文字、宗教、教育、风土人情、传统习俗、道德观念等为代表的物质和非物质见证,是人类在生产活动需求中长期积淀形成的精神智慧遗产和物质遗产。基于本书上述的观点,公益广告艺术的文化属性是显然的。

公益广告的文化属性具体体现在:(1)公益广告是有历史轨迹的人类思想智慧结晶和劳动创造物;(2)公益广告主要在思想意识层面传播先进的思想观念、价值取向、道德规范;(3)公益广告弘扬民族优秀文化、传承民族精神,其自身也是民族优秀文化的一部分;(4)公益广告以一种艺术形式的美给人们带来审美体验,也向大众传播着文化和审美观念。

从文化的角度认识公益广告艺术,能让我们更加敬畏地去学习和创新,能让我们对其创作有较好的把握,还可以让我们保持清醒的判断力,辨识优秀的公益广告作品。例如,河清先生在《艺术的文化属性》一文中针对一些过激的"行为艺术"指出:"在那些插着'现代''国际''世界主流'等煌煌标签的文化艺术现象面前,他们就像那位来到邯郸的寿陵小子,变得没有脑子,'忘'了使用中国自己的文化价值标准，'忘'了可以凭日常最起码的良知，去评判善恶美丑。"①这是对我们发出的一个响亮的提醒：不要以为艺术就仅仅是新奇、怪诞，而要记得艺术所体现的是一种文化、文明和良知。中国唐代张彦远在其美术通史著作《历代名画记》中，将品评绘画的标准分为五等，即"自然""神""妙""精""谨细"，认为"自然者，为上品之上"，这也在提醒我们：艺术作品是有良莠之分的，不是所有自称艺术的都是艺术。

在专业领域，关于广告文化的讨论，也一直为众多学者所关注。新闻工作者前辈恽逸群先生在《新闻学讲话》一书中，将广告与新闻源、采访、翻译、写作、印刷、发行一同列入报纸工作的过程，并将它们视为党报工作不可或缺的部分。新闻工作者前辈戈公振先生1927年在《中国报学史》中说过："广告，为商业发展之史乘，亦即文化进步之记录。"②新闻工作者前辈朱月昌先生说："电视广告传播带来的社会、民族、国家以及个人的价值观念、信仰追求、思维方式、行为规范、伦理道德等的深刻变革，形成了规模宏大、影响深远的电视广告文化……"③学者张正说："当代广告不仅是一种经济现象，也是一种文化现象。广告文化对社会生活产生了深刻影响，主要体现在：第一，当代广告文化影响了人们的消费观念；第二，当代广告文化影响了人们的价值观念；第三，当代广告文化侵蚀了人们的文化心理。"④学者徐舟汉说："如果说广告的经济功能是直接的、显见的，那它的文化功能则是潜藏的、深层的。这是因为广告的传播功能、说服功能和审美功能，普遍都是以文化的样式出现并产生功能作用的。传播的信息要为消费者接受，是要以文化和心理的认同为

---

① 河清.艺术的文化属性[EB/OL].[2012-10-25].https://ishare.iask.sina.com.cn/f/2ZxKyg8ogXX.html.
② 戈公振.中国报学史[M].北京:中国和平出版社,2014.
③ 朱月昌.广播电视广告学[M].厦门:厦门大学出版社,2000.
④ 张正.当代广告文化对日常生活的影响[J].语文学刊,2009(20).

前提的;广告要说服消费者产生购买行为,要靠文化、艺术的说服力量;广告要给人审美的愉悦和情趣,更全是文化的魅力。所以,可以说,广告实质上就是一种文化,广告的功能实际上就是广告的文化功能。"①贺雪飞教授说:"广告既是信息沟通,又是情感交流,广告做的是与人交流的工作。广告的内容诉求逐渐从以产品为中心转向以人为中心,从有形的产品转向无形的品牌,广告更多强调的是产品与人的情感世界、精神世界的联系,演绎的是人的欲望和需求,表现的是人的意识和观念。于是,广告作为沟通的艺术,沟通的不单是来自产品功能利益的主张,更是来自某种深层文化心理的认同。这一切使广告的文化含量大为增强。"②

综上,从文化历史的视角考察公益广告艺术,能更好地重视公益广告艺术的文化功能,更好地保证公益广告艺术作品的品质。

第二节　公益广告艺术的溯源

从广告史相关研究来看,关于广告的起源,有这样两种观点:其一,广告是商品生产和商品交换的产物;其二,广告是人类信息交流的必然产物。我们按照这两种观点可以得到不一样的广告起源时间。前一种观点揭示的是商品广告的起源;后一种观点揭示的则是社会广告的起源。前者侧重于广告商品属性;后者是对广告社会文化属性的重视。

公益广告显然是体现广告社会文化属性的。关于社会广告的

---

①　徐舟汉.广告文化功能的负面效应及原因分析[J].郑州牧业工程高等专科学校学报,2002,22(2).

②　贺雪飞.以"商品"为中心到以"人"为中心:广告文化附加值诉求动因探析[J].新闻界,2006(4):98-99.

起源,我国广告史研究者已经将社会广告的起源追溯到公元前359年,秦国为了显示其变法的决心和取信于民,贴出悬赏:"谁能把这根木头扛到北门去,就赏给他十两金子。"这是一种政治性的社会公共广告的萌芽。① 如果说社会广告就是广义的公益广告的前身,那么这则广告的公益性在于安民、定邦、组织等社会观念的传播,它并没有艺术样式。从艺术的角度考察,艺术样式较为成熟的广告作品,其源头可以追溯到宋代流行的民间年画。

我国宋代民间年画,内容是宣传民风民俗,艺术形式上已经十分接近时下的平面公益广告作品,图文并茂,非常好看,为人们喜闻乐见。我国的民间年画发展至明清更为成熟。所以,从视觉艺术的相似度来看,我国公益广告艺术的样式在宋代已经有之。但任何文化现象都不可能是突然出现的,宋代的民间年画是经中华几千年文化的积累而得,故此,它前期已有深远的中华传统文化艺术的根基,与龙凤图案、青铜纹样、彩陶纹样等经典的艺术样式一起,都是前期中华民族文化艺术的沉淀。公益广告艺术正是从这些艺术根基中孕育出来的。

笔者曾多次见到一些文章中提及"中国公益广告最早出现在1986年"的。这句话恐失之偏颇,将中国公益广告出现的时间推迟了。如果说电视广告或许还有可能,但也需要考证。如果说"公益广告"这一词语作为"public service advertising"的翻译引进是在改革开放之初也是有道理的,但如若将此时间笼统地作为中国公益广告的开端时间就显得草率了。

---

① 陈培爱.广告学概论[M].北京:高等教育出版社,2004.

第三节 公益广告艺术的发展阶段

传统艺术是公益广告艺术产生和发展的根基,本章的梳理从远古图腾符号、青铜纹样等开始,它们虽不是公益广告艺术,但它们是公益广告艺术出现前期的艺术积累和铺垫,是中华民族艺术的源。其实,从艺术发展的历史长河看,公益广告艺术也是优秀传统艺术的一部分,公益广告艺术与传统文化在历史性、民族性上一脉相承,在新的时代,公益广告艺术又是传统文化的载体和创新的基础。

本节把我国公益广告艺术的历史进程按照时间顺序分为远古图腾、宋代民间年画、明清吉祥图案、近现代公益广告艺术四大部分。

一、远古图腾

在长达数千年的历史长河中,人类创造了众多物质与精神文化财富。人们惊讶地发现,历史的遗留物有很多是艺术品。在人类文化的代表中:哲学是人类思想的荟萃;宗教给人类心灵以寄托;艺术则是人类对万物之美的体味和表达。其中,艺术表达的遗物和遗迹是人类一笔丰厚的文化遗产。在人类生产生活的悠久历史中,艺术是意识形态的文化附着在物质上的人类智慧,它以物品的形式遗留下来,诠释着人类文明发展的各个阶段,诠释着人类对万物之美的热爱。如果把不同时期的作品罗列在一起,就能很清晰地看到人类艺术文明进化的历程。远古图腾是人类历史幼年时期的智慧表达,它稚嫩地混合了宗教、艺术、思想,是了不起的人类智慧遗产。

图腾是原始人类文化意识的萌芽产生的原始文化创造,图腾文化是十分奇特复杂的文化现象,简单地说是原始人的一种原始崇拜。他们相信某种动物或自然物同本氏族有血缘关系,并有一种超自然力,会保护自己,就将其绘制为本氏族的图形符号,作为本氏族的徽标,尊奉为保护神,使其成为该氏族的象征。图腾符号作为一个氏族的崇拜物和标志,常常会对这个民族的文化和群体心理产生巨大的影响。图腾还被做成族徽图案绘在旗帜与器物上,文于身体上。原始人还进行图腾形象舞蹈等活动。图腾是一个组织的象征标识,它具有传播功能和告知功能。所以,从某种意义上说,这种氏族社会的图腾标志就是广告的雏形。世界上文明历史悠久的国家都有关于图腾崇拜的遗迹,中国就是其中之一。

(一)龙图腾

"龙"图腾符号是象征中华民族的符号。其从始创到传播并延续至今,历经几千年演变而不衰,真可谓了不起。神话传说中,龙起源于伏羲氏,传说伏羲与女娲都是人首蛇身,而蛇就是龙的原型。龙的图腾符号神奇而威严,《本草纲目》称龙"有九似",是兼备各种动物之所长的异类,综合了许多动物的特征:蛇身、兽腿、鹰爪、马头、鱼尾、鹿角、鱼鳞等。龙图腾的由来和原始部落不断地征战有关,因为龙是以胜利者和神灵存在的,人们就将想象的各种高超的本领和优秀的美德都集于龙一身,以龙为荣、为尊,认为龙聪慧威严、呼风唤雨、变化多端、无所不能。龙的图腾符号自夏朝就已广为使用,至今仍为华夏民族所信奉、崇拜。

(二)凤图腾

"凤"一说是原始殷人的图腾。"天命玄鸟,降而生商",就是说天上神凤降临而商朝出现。另一种说法是彩鸟祥瑞说,源于《山海经·南次山经》:"又东五百里曰丹穴之山,其上多金玉。丹水出焉,而南流注于渤海。有鸟焉,其状如鸡,五采而文,名曰凤凰……是鸟也,饮食自然,自歌自舞,见则天下安宁。"史书记为"五彩之鸟""百鸟之王",其美丽无比,人们认为它象征着光明、祥瑞,它的出现可预兆天下太平。数千年来,中国人一直把凤看作是美丽和幸福的化身。凤的形象是人们将各种禽鸟中最美的富有特征的部分加以综合和统一,融会成一个和谐美的典型。总之,凤是一种能给人们带来祥瑞和兆庆的美丽神鸟。

龙与凤都是中华民族至尊的文化图腾,"龙飞凤舞""龙凤呈祥"等词语,传达了龙和凤在人们心目中至高无上的地位。

(三)彩陶图腾

原始社会的彩陶纹饰也是最引人注目的图腾符号之一。中国新石器时代的彩陶以黄河中上游仰韶文化、马家窑文化的为代表。西安半坡村仰韶文化遗址出土彩陶上的主要图腾符号有:鱼纹、人面鱼纹、舞蹈纹,其精湛的视觉表现享誉世界。此外,常见的彩陶纹饰还有鸟纹、壁虎纹、蛙纹、羊纹等。研究原始社会彩陶的造型设计与其中的图腾设计,可以发现先人谙熟设计的形式美规律,他们将节奏、韵律、对称、呼应、均齐、平衡、对比、调和、比例等美的形式法则运用得相当讲究和纯熟,集实用与审美于一体,为后世的艺术设计奠定了基础,提供了诸多的启示,产生了深远的影响。

(四)青铜图腾

青铜器上的饕餮图腾图案,是中国商周文化的突出代表符号。商代后期的商后母戊鼎是这一时期的典型作品。它高133厘米,口长110厘米,口宽79厘米,重达800多千克,雄伟高大,并饰有饕餮纹和夔纹,是目前所见世界上最大的青铜铸鼎。饕餮纹又称兽面纹,是青铜时代图腾崇拜的典型符号,其采用抽象和夸张的手法,图形严密对称、饱满、大气、庄重但又充满神秘、狰狞和威慑的视觉效果,充分体现着奴隶社会的精神寄托和图腾崇拜。饕餮纹是商周青铜器上最为常见的图案,也是夏商时代青铜礼器作为中国早期神圣王权与国家象征的主要装饰纹样。李泽厚先生在《美的历程》一书中说:"你看那个兽面大钺,你看那满身布满了雷纹,你看那与饕餮纠缠在一起的夔龙夔凤,你看那各种变异了的、并不存在于世界的各种动物形象……它们远不再是仰韶彩陶纹饰中的那些生动活泼愉快写实的形象了,也不同于尽管神秘毕竟抽象的陶器的几何纹样了。它们完全是变形了的、风格化了的、幻想的、可怖的动物形象。它们呈现给你的感受是一种神秘的威力和狞厉的美。它们之所以具有威吓神秘的力量,不在于这些怪异动物形象本身有如何的威力,而在于以这些怪异形象为象征符号,指向了某种似乎是超世间的权威神力的观念。"[1]它们之所以美,不在于这些想象具有装饰风味等等,而在于这些怪异想象的雄健线条,深沉突出的铸造刻饰,恰到好处地体现了一种无限的、原始的,还不能用概念语言来表达的原始宗教的情感、观念和理想,配上那沉着、坚实、稳定的器物造型,极为成功地反映了那进入文明时代所必经的血与火的野蛮年代。

(五)文字图腾

商代的甲骨文,既是文字也是一种图形,是带有精神寄托的象形文字。作为商王朝最主要的信息传播载体和"龟灵崇拜"的象征物,甲骨文字有一种均匀、遒劲的美。

(六)丝路图腾

敦煌因丝绸之路而举世闻名,敦煌也是一座图案艺术的宝库,其中的藻井图案是其精华所在。敦煌莫高窟的藻井图案设计风格随着石窟的时代和内容变化而变化,如早期的南北朝藻井装饰艺术、隋代藻井三兔图案、唐代藻井图案植物纹样等。其中,著名的飞天造型,在五彩云朵的衬托下旋转飞翔,并演奏琵琶、箜篌、腰鼓等乐器,活泼多姿的动态给人以无限遐想,堪称杰作。

二、宋代民间年画

民间年画是中华传统艺术的一种,源于宋代,盛于明清。宋朝

---

① 李泽厚.美的历程[M].北京:人民文学出版社,2021.

叫"纸画",直到清朝道光年间才定名为年画。我国著名的四大年画是:四川绵竹年画、苏州桃花坞年画、天津杨柳青年画、山东潍坊年画。它们有明显的地方特色和不同的艺术风格。传统年画多是木版水印的版画形式。

年画内容吉祥、色彩鲜明、气氛热烈,如"和气生财""连年有余""戏婴图""合家欢""三星高照""岁寒三友""梅兰竹菊""双喜临门""金玉满堂""百事大吉""百鸟朝凤""丹凤朝阳"等,还有历史故事、戏剧人物等。它们大多作为门画张贴之用,夹杂着"神祇护宅"的观念。目前见到最早的一幅木版年画是南宋刻印的《隋朝窈窕呈倾国之芳容》图。民间年画艺术,是中国社会的历史、生活、信仰和风俗的反映。每逢新年,人们在大门到厅房贴满各种象征吉祥富贵的年画,使家中充满欢乐气氛。

宋代流行的宣传民风民俗的民间年画,图文并茂,一幅画里有吉祥图和吉祥语相配合,在形式上十分接近时下的平面公益广告艺术作品,非常好看,是人们喜闻乐见的。如果说宋代民间年画是中国平面公益广告的发端一点也不为过:从艺术样式上看,它与公益广告艺术一脉相承;从传播的情况看,它的传播是大众喜爱而自发的传播。

宋代的商业广告也同样被广告史研究者认为是我国商业广告的滥觞,宋代商业丰富多样,在北宋张择端的《清明上河图》中即可观察到。著名的北宋时期济南刘家功夫针铺的广告,是铜版画形式的招牌广告,也可印出来做包装纸,上面刻着"刘家功夫针铺"的标题,中间是白兔捣药的图案,旁边辅以说明文字,整个版面图文并茂,是完整的平面广告形式。从审美上看,它简洁、洗练、单纯、质朴、主次得当、疏密有致,有印章的金石之气,同时易于复制,透出古人的智慧,现保存于中国国家博物馆。

三、明清吉祥图案

明清时期生活的相对富裕使得人们有更多的时间来考虑精神的享受：首先是对山水画的兴趣，山水画中寄托着人们对世外桃源生活的向往，作品大多具有山水的幽美与恬淡，有着一种超脱之感和其乐融融的画面；其次是中国历代的吉祥图案在这时有大发展，吉祥图案可以追溯到远古的图腾，发展于宋代，鼎盛于明清，明清时几乎到了图必有意，意必吉祥的地步。

吉祥图案，有图有文字，以含蓄、谐音等手法传达吉祥的观念，组成具有吉祥寓意的视觉艺术样式。吉祥图案表达了人类对美好生活的企盼，可用在陶瓷、漆器、建筑、织锦、首饰、服装上，可以采用画、刻、刺绣、剪纸等多种形式。吉祥图案以谐音借喻某一吉祥事物，体现人们对美好吉祥的向往和对幸福的追求，如：

两喜鹊图案——喜相逢；

鹊落梅枝图案——喜上眉梢；

双飞喜鹊图案——双喜临门；

松鹤的图案——松鹤延年；

狮子滚绣球——好运不断；

莲花、童子抱鱼图案——连年有余；

花瓶内插四季花图案——四季平安、平安如意；

镜子图案——辟邪驱魔；

扇子图案——官职和高贵的象征；

龙的图案——最高权力和天下太平的象征；

凤的图案——女中之王、南方神鸟；

孔雀图案——权贵；

蚕的图案——聚集财物；

石榴图案——多子多福；

绣球图案——风调雨顺；

蜘蛛下滑图案——天降好运、喜从天降等。

我国的吉祥图案来自民族的智慧，流传不衰、深得民众喜爱。吉祥图形寄托人们对吉祥、幸运、平安的祝愿，其中有深厚的文化内涵，是人类精神文明的财富，是我国公益广告艺术发展必须深入学习、研究和传承的宝贵文化遗产。

四、近现代公益广告艺术

近现代我国的公益广告作品，可归入以下几个典型阶段：一是20世纪30年代起鲁迅先生倡导的中国"新兴木刻版画运动"期间的抗战宣传作品；二是新中国成立后的爱国、爱和平等宣传画作品；三是20世纪80年代改革开放后的保护环境广告等作品；四是20世纪90年代后的"讲文明树新风"公益广告和中国梦公益广告等。

（一）中国新兴木刻版画运动

木刻版画是将画刻在木板上再转印到宣纸上的一种方法，也是中国传统艺术之一。它有着悠久的历史，出现于宋代，盛行于明清。历史上还有一段木刻版画盛行的时间，就是近代由鲁迅先生在上海倡导发起的中国新兴木刻版画运动时期。明清时期的版画体现的是美术的属性，被称为年画，而中国新兴木刻版画体现的是传播的属性，是为某种宣传服务的，所以更具有广告的属性。

中国新兴木刻版画运动的作品反映的主要是现实题材，如反对战争等，更直接的启发来自欧洲女画家珂勒惠支的木刻版画艺术。珂勒惠支是鲁迅特别推崇的版画艺术家之一，她是一位有社会责任感的艺术家，其作品多反映穷人与平民的困苦和悲痛。

1930年，中国左翼美术家联盟在上海成立。同年，鲁迅翻译普列汉诺夫《艺术论》，出版德国木刻家梅斐尔德的《士敏土之图》，并在上海北四川路举办第一次"版画展览会"。1931年，鲁迅举办木刻讲习会,此后木刻社团不断出现。在全面抗战的八年时间里,当时全国有三个木刻运动中心,即北平、广州和上海。上海的木刻运动是在鲁迅的直接指导下组织团体进行创作的,对全国的木刻运动有着决定性的影响。新兴的木刻版画因为其表达方式简洁明了,又方便复制,在那时成为精神表达和社会宣传的一种招贴方式。著名的美术家李叔同、丰子恺等都创作过木刻版画。木刻版画作品的题材都是反映当时的社会生活,反映作者对人民的苦难的深切同情和对中华民族的命运深感忧患。

抗日战争期间,延安的木刻版画运动也不断发展壮大,被称为"延安木刻"。1938年,为了纪念鲁迅先生,也为了坚持他开辟的道路,延安成立了鲁迅艺术学院。许多美术青年和画家都学木刻,木刻版画成了鲁迅艺术学院美术系的必修课。当时鲁迅艺术学院的作品展有到学校、文化俱乐部、城墙街头等地方展出的,也有到前线展出的,甚至还有到国外展出的。延安木刻版画的代表作者有温涛、胡一川、沃渣、江丰、古元、王式廓等。1945年,随着抗日战争胜利,中国新兴木刻版画运动也告一段落。

中国新兴木刻版画运动的作品,虽然当时并不叫中国公益广告,但却是中国公共传播艺术发展过程中的典型案例之一。它与后来的公益广告在民族历史上和作品风貌上有着千丝万缕的联系,在传播特点上也具有许多相似性。比如,它是强调将思想水平和艺术水平相结合、集中国木刻艺术形式与社会生活为一体的平面宣传形式;它是一种大众的艺术,体现了奋斗、向上、积极、传播于大众、力求简单易懂的创作方向;它在当时传播自觉独立的思想,维护公众利益,维护人性尊严,反对战争等,成为整个民族觉醒运动的一部分;它强调生活是创作的源泉,不模仿、不复制,作品深刻且具原创性;它粗犷有力的黑白平面艺术风格,成为中国平面广告表现形式的一种经典范例;它有鲜明的中国特色,如力求将当时当地的风景、风俗等作为版画的背景,将中国古代的石刻画像、民间年画体现到画面中,成为宣传内容的一部分。

总之,中国新兴木刻版画运动的作品具有求真、求善、求美的艺术特点,与中国公益广告艺术有千丝万缕的亲缘关系。中国新兴木刻版画运动在历史上产生了深远影响。

(二)新中国公益广告宣传画

中华人民共和国成立后的宣传画,虽然叫作"宣传画",但的确具有公益广告的全部特征。比如,公共服务的特征、义务的特征、教育的特征、时政性的特征、号召宣传的特征、图文并茂的特征,并且当时使用的颜料还叫"广告色"。因此,可以说宣传画就是新中国的公益广告。

新中国公益广告作品形式多样,内容涵盖广泛,遍布于城市街道、工厂企业、田间地头,鼓舞着人们,陪伴着人们经历了新中国成立以来的社会生活。但也有人认为,这种公益广告的政治宣传色彩太浓,应该界定为"政治广告"。这看起来似乎有一定道理,但新中国成立以来的宣传画并不都是"政治广告",因为其在传播政府意志、国家话语的同时也有许多丰富的内容,如学习知识、身心健康、乐于助人等等,并且这些宣传画明显是不含经济利益的广告宣传。

这里所说的新中国公益广告作品,它的繁荣期一直从1949年前后延续到1966年。新中国成立初期到60年代初期的作品,主要反映的是人民沉浸在新中国建设的喜悦中,沐浴着新中国的阳光,所涉及的题材相当广泛,有政治、经济、军事、体育、科技、妇女、儿童等等,内容不仅有"爱和平""幸福生活""群众和毛主席在一起""爱党爱国""爱社会主义""友爱互助""丰产""爱社爱家"等等,更有以反映重大历史事件为背景的抗美援朝等主题。

这时期有许多非常知名、非常经典的作品:如1956年金梅生创作的《菜绿瓜肥产量多》(图2-1);如1956年翁逸之创作的《要把社里的猪养得又肥又大!》(图2-2);如1959年哈琼文创作的《毛主席万岁》(图2-3),具有现实主义的朴实风格,亲切感人,反映了当时人们单纯欢喜的场景,轰动一时,誉满全国,一版再版,印数高达200多万张,强烈的时代印记让人难忘;如1960年吴哲夫创作的《迎节日》(图2-4);如1965年钱大昕创作的《走大寨之路》(图2-5)等等。当时的宣传画大多是专门组织专业的美术工作者如美院的老师、画院的画师等进行创作的。这些作品有成规模、数量多、品质高、主题丰富、风格多样的特点。仅1959年12月23日全国美协和人民美术出版社联合举办的"十年宣传画展览"就有175幅宣传画和21幅电影宣传画展出。它们对弘扬民族文化、传播先进思想、传达国家话语、鼓舞民族士气乃至培养艺术人才都起到了重要作用。

这一时期的公益宣传画在表达内容、表现手法、制作水平、体现政府话语、发行传播和社会影响上都很成熟,既促进了社会主义建设,又对环境起到美化作用,政治性和艺术性同时发挥作用,成为公益广告发挥精神软实力作用的典范。美中不足的是在塑造人物形象时存在一定的局限性。

图2-1　菜绿瓜肥产量多
(金梅生,1956)

图2-2 要把社里的猪养得又肥又大！（翁逸之，1956）

图2-3 毛主席万岁
（哈琼文，1959）

图2-4 迎节日
（吴哲夫，1960）

图 2-5　走大寨之路

（钱大昕，1965）

（三）改革开放后的中国公益广告

20 世纪 80 年代，中国公益广告作品的风格就逐渐有了新的面貌。前面说过，这里的时间划分主要是从作品风格表现的变化来看的，20 世纪 80 年代电脑在广告制作中开始使用。在全国美展宣传画作品中，有的还是手绘作品，有的已经是手绘与电脑设计结合的作品。公益广告作品表现又有了新的时代面貌。

在 1989 年第七届全国美术作品展中，由西安美术学院的郭线庐老师创作的宣传画《信息——开发人类智力的契机》（图 2-6），手绘加电脑设计相结合，充满科技感的画面特别引人注目，今天看来还是极富现代感和时代感，明显有一种跨越时代的新鲜感。这标志着我国公益广告宣传画进入了电脑时代。我国公益广告在表现方式上更灵活、更自由。这一时期的宣传画创作手法丰富多彩，表现方式灵活多变。它既吸收西方元素，又吸收中国怀旧复古的元素，既有现代的表现，又有后现代的杂糅。

图 2-6　信息——开发人类智力的契机(郭线庐,1989)

　　20 世纪 80 年代开始,我国的广播媒体公益广告、影视媒体公益广告也得到迅速发展。新媒体技术的飞速发展更是给公益广告在表现技术和传播速度上带来了"全、新、快"的显著特征。20 世纪 80年代中期,改革开放后市场经济建设的提速,为公益广告的成长提供了良好的外部环境。1986 年,贵阳电视台播出的公益广告《节约用水》是我国电视公益广告崛起的标志性起点。至此,公益广告迎来了全媒体时代。20 世纪 80 年代以后,中国的公益广告受到流行文化和西方现代设计的影响,表现主题和表现语言都有了新的突破。表现主题方面增加了关注个体、关注环境、保护动物等,风格多样;表现语言方面更注重情感传达、艺术创意、系列化、多元。中央电视台、地方电视台纷纷开辟专门时段播放公益广告。这一时期的公益广告承载着提醒、规劝、批评的社会教育功能。公益广告开始注重通过创意表现引发受众的情感共鸣,如反映下岗职工再就业的公益广告《脚步篇》和《从头再来》等。这一时期的公益广告话语以人为本,更加关注人自身的完善以及人与人、人与自然、人与社会的和谐发展,主题涉及当时社会公共生活的各个层面。

　　进入 21 世纪,我国在公益广告方面有了许多突出的举措。在媒体方面以中央电视台为代表：2001 年，中宣部、中央文明办、国家广电总局等部委与中央电视台联合举办了"全国思想道德公益广告大赛"，中央电视台组织了 76 家广告公司参与制作，创作了许多优秀的公益广告作品，如《共同的力量》、《同升一面旗，共爱一个家》、《将爱心传递下去》(洗脚篇)、《爱我中华，再创辉煌》等等，每条公益广告时长在 30 秒到 60 秒。这些公益广告在中央电视台 11 个频道播出，每天播出不少于 22 次，对社会产生了深远的影响。在行业协会方面以中国广告协会为代表：2000 年初期在中国广告节设立了公益广告评选，后发展为中国国际广告节"中国公益广告黄河奖"。在广告教育界，2005 年以来由教育部高教司创办"全国大学生广告大赛"，重视公益广告命题。首届大赛就设立了公益广告命题，并延续至今。

(四) 新时代中国公益广告 (2013 年至今)

2013 年在公益广告发展史上是开始"大国崛起及国家认同"诉求的新时期，这一时期我国公益广告作品以"梦娃"为典型代表(图 2-7)。这一时期还有大量的"讲文明树新风"系列公益广告。

图 2-7　我的中国梦

(图：泥人张／文：一清，2013)

2013 年 3 月,中宣部、中央文明办、中央外宣办、工信部、工商总局、广电总局、新闻出版总署七部委发布了《关于深入开展"讲文明树新风"公益广告宣传的意见》(文明办〔2013〕1 号文件),对"讲文明树新风"公益广告宣传活动进行了全面安排部署,依托人民日报、中央人民广播电台、中央电视台、中国网络电视台、中国移动这五大媒体,成立了"讲文明树新风"公益广告制作中心,分别牵头设计制作平面类、广播类、影视类、网络类、手机类公益广告,形成公益广告作品库,供各媒体无偿选用。至此,全国公益广告进程被推向了高潮。其间,各省区市广告协会、媒体、高校等开始了"讲文明树新风"公益广告征集活动。2013 年 4 月,中央电视台启动了"全国电视公益广告大赛";2013 年 4 月,中国网络视听节目服务协会与人民网、新华网、中国网络电视台、国际在线、中广网、新浪、搜狐、百度、优酷、爱奇艺 10 大网站共同主办了"讲文明树新风——网络视频公益广告大赛";2013 年 5 月,由中宣部、中央文明办、中央外宣办、工信部、工商总局、新闻出版总署六部委联合授权成立了全国平面媒体公益广告制作中心,并启动了首届全国平面公益广告大赛。中国文明网将"讲文明树新风公益广告"主题分为五大类:"中国梦""爱党爱国""传统美德""道德规范""环境保护"。从 2013 年开始,影视媒体公益广告《美丽中国篇》《筷子篇》《中国年,让世界相连》等相继在中央电视台春节联欢晚会上播出。这也是"中国梦"主题诉求的代表,标志着公益广告上升到传递中华民族核心价值观、塑造国家认同的国家战略层面,诠释着"家国一体"的中华民族核心理念。

2013 年以来最具时代特征的平面媒体公益广告作品是以改变陋习、改变不良风气,营造文明和谐社会为代表的"讲文明树新风公益广告"和以梦娃形象为代表的"中国梦公益广告"。同时,全国各个城市涌现出了数量可观的"讲文明树新风"和"中国梦"户外公益广告作品。它们被广泛地张贴在城市主干道、公共广场、地铁站、机场候机厅、公交站等公共场所,成为一道道引人注目的城市风景线。

这些城市平面公益广告还常被作为建筑工地的外围遮挡宣传画,使公益广告融入普通老百姓的生活。

2020年,世界遭遇新冠肺炎疫情袭击。疫情当头,全国各地涌现出了许多优秀的抗疫公益广告。这些都充分显示了近年来我国公益广告发展的情况,反映了我国政府、权威媒体、行业协会、高等教育部门对公益广告的重视,也体现了公益广告在我国具有重要的地位。

新中国成立以来我国公益广告的表现手法有如下特点。

1. 新中国成立至20世纪70年代,公益广告宣传画的形式基本是一致的:(1)作品常用的艺术表现手法是手绘。(2)颜料采用的是广告颜料,也叫广告色。(3)主要是采用现实主义和浪漫主义相结合的表现形式,将主题直接如实地展示于画面上,在给人以逼真的现实感、亲切感和信任感的同时,又不失艺术语言的适度夸张。突出主要人物形象,多采用金字塔构图方式,使形象具有一种崇高、伟大的特殊魅力。(4)采用对比衬托法:常常将主要人物形象显得特别高、大、全,而将陪衬的次要形象极度缩小。这种对比的手法,使主体形象鲜明、突出、动人。(5)以平面广告为主,以海报、户外广告、报纸广告、杂志广告为大众传播的主流渠道。

2. 20世纪80年代至20世纪末,由于新观念和新技术的出现,公益广告作品的视觉艺术表现手法得到了极大的丰富,主要体现在艺术表现的多元化:手绘—电脑—互动—新手绘等。在艺术形式上,运用联想法、幽默法、借喻法、同构法、系列法,等等,充分调动观众的兴趣和注意力,加强艺术感染力。在艺术风格上,表现多样,如极简风、北欧风、科技风、中国风、古典风、复古风等,丰富多彩。20世纪80年代中期,依托电视媒体而产生的视频类公益广告崛起。继1986年贵阳市节水办和贵州电视台联合发布了电视公益广告《节约用水》之后,央视相继推出了许许多多脍炙人口的公益广告,尤其是春晚公益广告。这一时期,电视公益广告和平面广告同样活跃。

3. 21 世纪,随着电脑及各种新媒体技术突飞猛进,公益广告作品的表现形式又有新的特点,公益广告创作的途径更加便捷,公益广告创作进入了大众参与的时代,公益广告作品的画面形象多借助传统艺术的手法,更加注重民族文化的传播。这一时期是融媒体空前发展的时代:平面媒体、电视媒体、网络媒体等各显身手,又相互融合。借助各类媒体,公益广告的传播更为广泛。

思考与练习

1.思考为何要从文化的视角考察公益广告作品的历史。

2.通过优秀公益广告作品,分析公益广告艺术与传统文化的关系。

3.梳理我国不同时代的公益广告作品,并将其按时间顺序整理,并加文字说明。

4.梳理我国的"讲文明树新风公益广告"和"中国梦公益广告",并评析。

5.分析我国各时期代表性的公益广告作品的主题及风格特色。

第三章　公益广告艺术创作思路

　　创作思路是指作品从创作起点到终点的一种思考的方法和解决问题的途径。所有艺术创作思路都有相通之处，即思维—实践—再思维—再实践。思维和实践，没有先后，有时是思维在先，有时是实践在先，有时是交织在一起。公益广告艺术创作往往是先有主题，因而是一种为了实现主题目标而进行的命题创作。归纳起来，公益广告艺术创作有三种创作思路，可供创作者借鉴。

第一节　模仿创新的思路

　　模仿是人类的天性和创造的摇篮。人类最早的创造物都是从模仿自然开始的。在高科技时代，模仿的水平又有了长足的进步，模仿人脑智能的计算机以及机器人，都是模仿型创造思维的结果。人类一直在发现和利用自然并在改造自然的过程中不断发展和完善自身。

　　关于艺术作品的形象来源问题，最经典的是 1942 年 5 月 23 日毛泽东同志《在延安文艺座谈会上的讲话》中所指出的：一切种类的文学艺术的源泉究竟是从何而来的呢？作为观念形态的文艺作品，都是一定的社会生活在人类头脑中反映的产物。① 这明确告诉我们社会生活是一切文学艺术取之不尽、用之不竭的源泉。但是,我们也需要注意,文艺作品中反映出来的生活不是对生活的简单模仿,而是对生活理解后的归纳和升华。它应该比普通的实际生活更集中、更强烈、更典型、更理想、更带普遍性。

据此,从文艺作品创作来源的角度看,模仿创新就是在深入生活的基础上的创作和创新,来源是社会生活,而不是凭空想象。关于如何实施模仿创新,有以下具体做法。

第一,到大自然中和社会生活中去获取第一手资料,对生活中的人、事、物养成深入观察的习惯,发现那些未被别人发现的事物、事件,勤动手记录等,客观再现事物的自然特征。

第二,模仿不是机械地模仿,而是主动对生活素材进行提炼和艺术加工,以再现和艺术处理相结合的方法,使生活素材变为艺术作品。

第三,在进行再现和主观艺术处理的时候可以运用修辞手法:(1)合乎逻辑的夸张法:对形象的特点进行夸大,使其特征更加鲜明,更具个性。需要注意的是,夸张是在真实性的基础上运用艺术手法的结果,是真实性与艺术性的统一,而不是随意夸大。(2)合乎逻辑的省略法:抓住形象的典型特征,对形象去繁就简,省略无关紧要的细节和次要部分,保留主要部分,使其形象更具概括力。省略法是对形象的浓缩和提炼,是获得典型形象的方法。

---

① 毛泽东.在延安文艺座谈会上的讲话[M]//毛泽东选集:第3卷.北京:人民出版社,1953.

第二节 继承发展的思路

继承也有模仿的意味,但原型是前辈们已经创造出来的精神文化或物质文化的经典。这些经典包括文学、美术、民间艺术、现代艺术、电影、电视、戏剧,等等。它们是一种文化的沉淀和积累,是人类的文化财富,对此我们有继承的责任。

我国博大精深的中华传统文化,是中华民族的根和血脉,我们需要很好地学习和传承。从中国绘画到彩陶,从石窟壁画到漆器装饰,从织锦色彩到古典园林建筑等等,都是先人创造的宝贵遗产,我们需要细心去保护和继承。

同时,我们也需要学习国外的先进文化:从古典绘画的造型到印象派的色彩,从蒙德里安的冷抽象到康定斯基的热抽象,从拜占庭艺术到现代派艺术,都有许多值得我们学习和借鉴的好范本。

从文学语言中启发想象的例子也不胜枚举。"遥看洞庭山水翠,白银盘里一青螺",皓月银辉,其色调淡雅,银盘、青螺互相映衬、相得益彰;"一道残阳铺水中,半江瑟瑟半江红",江水在残阳的照射下,在泛起细小波纹的受光部呈现出一片"红"色,背光部分呈现出深深的碧色,让人感到秋天夕阳的柔和、亲切、安闲;"日出江花红胜火,春来江水绿如蓝","赤橙黄绿青蓝紫,谁持彩练当空舞",等等,都可以为我们的形象创作提供启示。

公益广告本身有着文化传承的功能和责任,所以继承型的创作思想是必然的、持久的。但继承并不是绝对照搬,而是蕴含批判的成分,是模仿加改良的创作思想,即在继承中有所发展。例如,在中国近代服装史上,改良旗袍曾盛行数十年。有学者认为,旗袍原为满族妇女的服装,系直身的宽袍。20世纪20年代以后,它经简化和改进成为修腰贴身的轻便女装。从此,旗袍在普通妇女到上流社会之间都广为流行,甚至一度与欧化时装一样受到欢迎。新中国推崇朴素,欧化时装几乎在一夜间遭到抛弃,而旗袍却仍占有一席之地,甚至成为女装中最富有魅力和民族性的款式。从 20 世纪 20 年代至今,历史长河大浪淘沙,但改良旗袍由于集民族性、时代感和女性化于一身而为各方所接受,实为不多见的特例。

继承型创作思想不同于复古主义。后者明显是保守、复旧的同义词。继承型创作思想强调批判的成分,反对照搬陈旧的,主张推出时代的和民族的。随着时间的推移和民族文化的演进,今昔之间早已不能同日而语。中国在 20 世纪 80 年代的改革开放热潮中,确实出现过"彩陶热""敦煌热""汉唐热"等现象,这是在闭塞被打开以后的喷发,一旦时代步伐走上正常轨道,这些热流都会汇入时代的大潮,以传统形式与现代形式杂糅的折中方式出现。

综上,公益广告创作继承与发展的思路呈现为:学习传统经典文化—继承经典—与时代经典元素结合—创新与发展。

第三节　想象再造的思路

这里所说的想象再造思路,可以分为正向想象思路和逆向想象思路。正向想象思路就是沿袭常规,按事物发展的逻辑规律进行思考。逆向想象思路就是反常规、反叛型的思路。由此及彼,触景生情,是人类的自然本领。想象和知觉、记忆、思维一样,是人的认识过程,是高级的认识活动,是任何科学仪器无法替代的。想象能对记忆表象进行加工改造,继而创造出新的形象。可以说,离开想象就不能发挥创造力。

（一）正向想象思路

正向想象思路，主要是通过事物的关联产生联想，由联想产生想象，是由一事物想到另一事物的心理过程，具体可以称之为相似性联想。这种相似性联想是人的本能反应，很直接，如牛顿从苹果落地发现了万有引力；怀素观公孙大娘舞剑悟得了狂草；盖叫天在香烟缭绕中悟得了盖派武打动作……这种相似性联想还具体运用在我们的图形设计中，如看到圆，可以想到足球、篮球、气球、呼啦圈、肥皂泡、西瓜、苹果、橙子、鸡蛋、汤圆、灯泡、药丸、药片，还可以想到方向盘、飞碟、车轮、光盘，等等；还可以将其进行概念性升华，想到圆月乃至中秋佳节、团圆、祖国统一……这些事物都有圆的形象特征，将它们联想起来，就有了故事，有了创意图形作品。想象的空间是无限的。

相似性联想，看似顺着逻辑推进，但这个逻辑是艺术的逻辑，它是在求新求变中推进的，它所得到的结果往往是新鲜的，甚至是意想不到的，所以它看似有规则，最终还是超越了规则。黄宾虹说过"法从理中来，理从造化变化中来"。所以，超越规则，实际上也是接近自然规则。艺术无正经，只是图新鲜。艺术永远在变化中，图新求变是艺术的生命力所在。它可以孕育、创造超越时代、超越规则的崭新艺术作品。

（二）逆向想象思路

逆向想象思路就是反常规、反叛型的思路。如果说正向想象思路是缓慢的进化，那么逆向想象路径所带来的就是爆发式、颠覆性的结果。逆向想象的关键是克服心理定式，定式就是用老眼光看新事物，它可能使我们因某种成见而对新事物持保守态度。而逆向想象思路是反叛型思维,它会在司空见惯中突围,进而带来截然不同的新点子和独特新颖的新作品。例如,有一则电视公益广告是反对家庭暴力的,但作者并不是直接介入成人世界,而是打破思维定式,用孩童世界来表达诉求。画面中先出现几个可爱的男孩,继而出现一个可爱的女孩,画外音先引导男孩们对女孩表示友善,男孩们一一按照要求做了,大家开心地笑着。接着,画外音又引导男孩们对女孩实施暴力,但男孩们一个个都表现出惊讶和犹豫,然后是坚定地拒绝,他们分别说:"不,我做不到,因为她是女生""不,我不想伤害她""不,因为我反对暴力""不,因为我是男人""不能对女生实施暴力,即使你手握鲜花"……这个电视广告感人至深,超过了正向思维带来的直接诉求。

逆向想象思路有显著的反传统性,往往指向与传统截然相反的方向。例如,印象派和后期印象派对前人的艺术规则的超越,历史性地开拓了艺术的新天地。塞尚之所以成为现代绘画之父,是因为他力图突破传统绘画所追求的再现功能,创造一个相对主观的符合自然秩序的艺术秩序,从而引导人们去思索。传统绘画描写是画家的主要目标,形和色都处在从属地位。自塞尚以后,形与色已不再是自然形象的叙述,它们本身已具有独立的生命和价值。艺术家脱离了文学的桎梏,把存在于物体之间的相互作用的紧密关系,变成了有意义的视觉体验。又如,1917 年,现代艺术自杜尚的《小便池——泉》以后,异军突起,于是,使用现成物体的装置艺术、活动雕塑艺术、大地艺术等接踵而来,特立独行,引人瞩目。

逆向想象思路往往能够突破常规、开拓思维,产生新奇的突变和跳跃性的作品。但逆向想象思路的结果也有不稳定性,这种不稳定性来自两个方面。一是外来的压力。保守思想的抑制,使得新的设计作品饱受非议,包豪斯学院就曾受到这种指责,先是被迫迁校,后是被迫关闭,它的历史功绩,在第二次世界大战以后才逐步得到承认。二是自身的不成熟。在完全没有先例的情况下,新的想法也难免是"摸着石头过河",容易带来一些风险。

正因为人类有永不满足的心理,文明的脚步才永远不可能停歇。喜新厌旧是人类的本能,因此,艺术作品的形式和创意一直在求新求变,不断在新旧之间交替更新。

以上谈到了"模仿创新的思路""继承发展的思路""想象再造的思路"这三种创作思路,它们的综合结构既不是金字塔式的层叠构架,也不是螺旋上升的圆圈构架,而是纵横交错的网络结构。艺术的创作和创新当然不止这三种思路,这里只是对其普遍规律进行归纳,以方便大家学习和了解,从而更好地创作出更多丰富多彩的作品。

第四节　相关理论思想借鉴

在漫长的历史长河中,我国形成了博大精深的中华文艺理论,若能深入学习和运用这些理论,将对今后的公益广告艺术创作有所帮助、启发和指导。人类历史的发展,生生不息,连绵不断,后人的思考和行为常是建立在前人基础上的。本节梳理我国历史上对公益广告创作有指导意义的相关经典艺术理论,为读者的学习与创作提供一些参考。

一、《考工记》中的相关理论

《考工记》是我国最早关于设计与制作的理论专著,出于《周礼》,成书在百家争鸣的春秋战国时代,书中保留有先秦大量的手工业生产技术、工艺美术资料,记载了一系列生产管理和营建制度,介绍了先秦时期"百工"中 30 个工种的制作技术,一定程度上反映了当时的思想观念。其重要的代表性设计观点是："天有时，地有气，工有巧，材有美，合此四者然后可以为良。"《考工记》是我国古代手工艺史上的一部奇书。

二、《古画品录》中的相关理论

《古画品录》是我国绘画史上第一部完整的绘画理论著作，作者是南齐谢赫。书中以魏晋以来画家对人物画的表现一致强调人的精神气质为根据，提出古代人物画的六项标准，即绘画的"六法"：气韵生动、骨法用笔、应物象形、随类赋彩、经营位置、传移模写（或作"传模移写"）。"气韵生动"是指人物画要以表现出对象的精神状态与性格特征为目的；"骨法用笔"主要是指作为表现手段的"笔墨"的效果，例如，线条的运动感、节奏感和装饰性等；"应物象形、随类赋彩、经营位置"是绘画艺术的造型基础：形、色、构图；"传移模写"是学习绘画艺术的方法，即全神贯注地临摹，是一个画家所必经的阶段。由此可见，"六法"是古人经绘画实践提炼出的理论总结。绘画的"六法"后来逐渐被应用到山水、花鸟等中国画中，并发展成艺术作品的重要评价标准之一。

三、《文心雕龙》中的相关理论

《文心雕龙》是中国南朝文学理论家刘勰撰写的一部系统、严密、细致的文学理论专著。全书共 10 卷，50 篇（原分上、下部，各 25 篇），以孔子的美学思想为基础，兼采道家，认为道是文学的本源，圣人是文人学习的楷模，经书是文章的典范。其把作家创作个性的形成归结为"才""气""学""习"四个方面。《文心雕龙》是中国文学理论批评史上第一部有严密体系的、"体大而虑周"的文学理论专著，《文心雕龙》是魏晋至南北朝时期文学艺术繁荣发展历史背景下的产物。它细致地探索和论述了文学艺术的审美本质、创造及鉴赏的美学规律,其理论对于文学、美术都是重要的借鉴。《文心雕龙》在对道与文、情与采、真与奇、华与实、情与志、风与骨、隐与秀的论述中,体现了把各种艺术因素和谐统一起来的古典美学理想。《文心雕龙》关于批评的论述,有颇多精到的见解。其中《知音》篇是中国文学理论批评史上探讨批评问题较早的专篇文献,它提出了批评的态度问题、批评家的主观修养问题、批评应该注意的方面等。《文心雕龙》十分强调情感在文学创作全过程中的作用,要求文学创作要"志思蓄愤,而吟咏情性",主张"为情而造文",反对"为文而造情"(《情采》),认为创作构思为"情变所孕"(《神思》)。《文心雕龙》是一部名副其实、富有卓识的中国文学理论批评史上经典的理论专著。它之所以在中国古代文论史和中国古代美学史上具有极其重要的历史地位,甚至可以看作是魏晋南北朝这个重大转折时期的代表著作,就在于它是中国古代唯一的一部自成体系的艺术哲学著作,在刘勰以前或以后都没有人能够对包括文学本质、创作规律、批评原则和审美理想在内的诸多重大理论问题做如此系统而全面的研究,这个理论体系集中了中国美学思想的主要观点。

四、《梦溪笔谈》中的相关理论

《梦溪笔谈》是北宋的沈括所撰,大约成书于 1086—1093 年,收录了沈括一生的所见所闻和见解,被西方学者称为中国古代的百科全书,已有多种外语译本。就性质而言,《梦溪笔谈》属于笔记类。从内容上说,它以多于三分之一的篇幅记述自然科学知识,所记述的科技知识,具有极高的史料价值,基本上反映了北宋的科学发展水平和他自己的研究心得。《梦溪笔谈·卷十八·技艺》正确而详细地记载了毕昇发明的泥活字印刷术,这是世界上最早的关于活字印刷的可靠史料,深受国际文化史界的重视。此外,北宋的其他一些重大科技发明和科技人物,也赖本书之记载而得以传世。

五、《林泉高致》中的相关理论

《林泉高致》是北宋时期论山水画创作的重要专著,作者是著名画家郭熙。书中集中论述了有关自然美与山水画的许多基本问题。《林泉高致》存世的古版本有北京图书馆馆藏明抄本、《四库全书》文津阁本和文渊阁本等。《林泉高致》是郭熙山水画创作的经验总结,由其子郭思整理而成。《林泉高致》全书分六节——序言、山水训、画意、画诀、画格拾遗、画题。原书由南宋许光凝作序,今佚。今存六节中"序言"和"画格拾遗"两节为郭思所写,其余四节均为郭熙生前所述,由郭思记录、整理而成。"序言"在前人提出的"卧游""畅神"的绘画美学思想上进行了发展,讲述了山水画家如何观察大自然、如何汲取素材、如何继承传统和如何表现,这是全书的精华所在。"画意"一节主要是强调画家要注意艺术气质的培养和文学修养的提高,认为诗是无形画,画是有形诗,诗可以帮助画家扩大思路,丰富想象。"画诀"一节讲的是画面布局、形象塑造、笔墨技巧以及表现四季天气变化等不同景色的基本规律。"画格拾遗"是郭思记述其父的一些山水画的情况。"画题"一节就古代绘画的作用发表议论。《林泉高致》涉及面很宽,有关山水画的方方面面,从起源、功能到具体创作时的构思、构图、形象塑造、笔墨运用,以及观察方法,等等,都有很好的说明。不少地方发前人所未发。就山水画的创作经验而论,它强调了如下几点:(1)画家要深入观察生活,抓取主要特征,远望以取其势,近看以取其质。(2)抓住富有诗意的情节,酝酿构思,如描述对不同季节的山水的体会:真山水之烟岚四时不同,春山澹冶而如笑,夏山苍翠而如滴,秋山明净而如妆,冬山惨淡而如睡等,表明郭熙看到了山水的意态美。(3)创作时精神高度集中,反复修改。郭思追述郭熙创作时的精神状态:乘兴得意而作,万事俱忘。(4)师承要广取博采,不局限于一家。技法要根据需要,灵活运用。笔墨要为人使,不可反为笔墨使。在绘画理论史上,郭熙最早明确而具体地提出,山水画家应当努力创造一种美的境界,使观者"如真在此山中",产生可游、可居的感觉,得到精神上的满足,应同人的感情与自然景物的交流密切相关。郭熙还强调画家不应单纯模仿一家一派,也不应拘泥于一时一地的景色,而应"饱游饫看",广泛摄取山水美的精粹,而后加以熔铸、创造。郭熙在探求山水画的艺术美的过程中创立了"三远"说,即高远、深远、平远;在理论上阐明了中国山水画所特有的三种不同的空间处理和由此产生的意境美、章法美。

六、《园治》中的相关理论

《园治》又名《夺天工》,作者是明代的计成,成书于明崇祯七年。全书共三卷,分为兴造论、园说、相地、立基、屋宇、装拆、门窗、墙垣、铺地、掇山、选石和借景 12 个篇章。这是中国古代留存下来的唯一一部造园学专著。《园治》并不是从理论视角来写作的,它是实用性很强的著作。《园治》被誉为世界造园学最早的名著。

这里介绍的我国经典文艺理论著作,其中的理论是对我们公益广告艺术创作直接起指导作用的,这里仅是点到为止,同学们有兴趣可阅读原著领会其精深。由于本书的重点是中国公益广告艺术,因而未对西方的艺术作品和经典论著介绍。东西方文化艺术历史发展同样壮观和伟大,在历史长河中都留下了丰富宝藏,东西方文化是在发展和融合中不断前进的。知己知彼才能更好地进步,专业的艺术设计工作者还少不了东西方美术史和设计史的学习。

七、我国目前相关传媒理论的指导

公益广告艺术创作既需要艺术理论的指导，也需要传播理论的指导，它同时遵循文艺作品创作的规律和广告传播的规律，因为公益广告艺术是一种具有广告传播特性的广告文艺作品，这种作品要经过大众传播发布给公众，要产生社会影响，因此，传媒理论的指导，是传媒人把握正确传播方向的保证。

中共中央总书记、国家主席、中央军委主席习近平在看望参加全国政协十三届二次会议的文化艺术界、社会科学界委员时指出：文化文艺工作者、哲学社会科学工作者都肩负着启迪思想、陶冶情操、温润心灵的重要职责，承担着以文化人、以文育人、以文培元的使命。① 同时提出"四个坚持"的要求：坚持与时代同步伐；坚持以人民为中心；坚持以精品奉献人民；坚持用明德引领风尚。

2016年2月19日，习近平总书记在党的新闻舆论工作座谈会上的讲话中表明了要加强国际传播能力建设，增强国际话语权，集中讲好中国故事。特别提出了在新的时代条件下，党的新闻舆论工作的职责和使命是："高举旗帜、引领导向，围绕中心、服务大局，团结人民、鼓舞士气，成风化人、凝心聚力，澄清谬误、明辨是非，联接中外、沟通世界。"这48个字，概括了在新的时代条件下，新闻舆论工作的职责和使命。

本章阐述了公益广告艺术作品创作时需要注意的路径和指导思想，主要有以下三个关键点：

1.社会生活是创作的源泉。文学艺术必须根植于人民，深入到生活中去认识生活和获得灵感，尊重和遵循文艺创作的规律，写出

---

① "四个坚持"，习近平对文艺创作、学术研究提出新要求[N].人民日报,2019-03-04.

人民群众喜闻乐见的文艺精品来，让人民真正地得到精神的享受。灵感来源于生活和知识的积累，一个空洞的头脑是产生不了灵感的。

2.学习经典是创作的途径。继承是文化的延续，发展是在学习前人优秀文化的基础上加上时代创新元素的再突破。继承型设计思想不同于复古主义，它反对照搬陈旧，主张推出具有时代性和民族性的精品。

3.理论指导是创作的要求。在相关经典文艺理论和我国目前相关传媒理论的指导下进行公益广告创作，才能保证公益广告艺术作品的方向和作品的品质符合相关要求。公益广告艺术作品不同于个体的美术作品，公益广告艺术作品是为公众利益服务的，是大众传播领域的广告艺术作品，要经过大众传播发布给公众。因此，它只有同时遵循文艺作品创作的规律和媒体传播的规律，才能出色地完成公益广告艺术创作的任务和使命。

思考与练习

1.公益广告创作的思路主要有哪些?

2.为什么说本章所述的三种创作路径是纵横交错的网络结构?

3.运用本章所述的三种创作路径进行公益广告构思练习。

4.了解本章提及的相关经典文艺论著，为作品创作进行一定的理论准备。

5.了解现阶段我国传媒工作的指导方针。

第四章　公益广告媒体作品艺术

本章主要阐述公益广告艺术如何与各类传播媒体相适应,不同传播媒体的公益广告艺术作品各具有什么样的特点,如广播媒体公益广告艺术创作的特点、平面媒体公益广告艺术创作的特点、影视媒体公益广告艺术创作的特点、户外媒体广播公益广告艺术创作的特点等。公益广告是广告,同时也是文艺作品。因此,公益广告的创作必须同时遵循文艺作品创作的规律和广告传播的规律。

第一节　平面媒体公益广告艺术

较之于以听觉为主要特征的广播媒体而言,平面媒体的特征主要是诉诸视觉的,是通过视觉感知来传递诉求的。平面媒体有非常强的自身优势,如:发布简易、阅读方便、成本节约和易于保存等。平面媒体公益广告形式及应用十分丰富,主要有:传统媒体的平面招贴公益广告、平面杂志公益广告、平面报纸公益广告、户外平面公益广告,新媒体的平面公益广告等。当平面广告的制作和发布从传统媒体延伸到新媒体时,这主要是新技术带来的革命。有些新媒体上面发布的公益广告是平面媒体移位到新媒体的,有些则是运用新媒体技术开发的公益广告,但无论是何种方式的公益广告都要遵循视觉审美规律。因此,无论是在网络上还是手机上发布的公益广告作品,都无法忽略艺术品质而单纯追求技术品质,只有"好的内容+好的艺术+好的技术",才能保证有好的作品。

一、平面招贴公益广告艺术的媒体特征

平面招贴广告(也称海报),历史悠久,在早期艺术设计专业是装潢设计学习的重要内容,在广告领域也一直被称为"平面广告之王"。其艺术表现主要借鉴视觉美术的表现手法,又兼顾媒体的特性。

平面招贴公益广告作品的画面信息构成主要有五大元素:一是广告主题形象;二是广告语;三是广告说明文案;四是发布单位标志(logo);五是发布单位的名称等信息。这五大元素概括起来就是图和文字两大部分,但并不是图文平分秋色,而是通常以图为主,以文为辅,图文并茂,共同说明主题和传达信息。此外,平面招贴公益广告作品相对版面大,对图形的艺术性和创意性要求比较高,这有利于作者充分地展开想象和发挥艺术表现力(具体创作规律请参见"第五章公益广告艺术视觉形象表达创作")。

平面招贴公益广告的信息传达最好是"远见大效果、立知何信息"。也就是说画面主体形象要大、要明确,一眼便能够识别,主要人物形象最好要用特写,甚至有时就是以一双手、一双眼睛作为主体;画面的形式构成越简练、越单纯、越集中、越强烈,效果就越好,要将扰乱视线、分散注意的线条和形体,一概去掉;标题字和其他说明文字,最好用易辨识的黑体字、综艺体字等,这样的字体识别性强,也不易引起歧义,还能保证清晰。

平面招贴公益广告的主图可以使用手绘插画、摄影作品、电脑

综合运用等艺术手法。如果选用照片做主图,其尺寸不能小于实际印刷时所需的尺寸,分辨率要不小于 300 像素每英寸,否则印刷出的图片质量会受影响。平面招贴公益广告图形版式设计,横构图式或竖构图式都可以,但一般情况下用竖构图式居多。在室内,以四开的尺寸为宜,在街道、车站、公园等公共场所,以对开尺寸为宜。由于公益广告面对大众,有引起注意的需要,因此,有人物形象的平面公益广告画面的视觉吸引力会强于几何抽象的广告画面。

一般地,平面招贴公益广告创作包含以下步骤。

(一) 准备

明确公益广告创作的目标,确实把握公益广告的内容。创作前先收集参考资料、深入生活取材,保证作品的原创性。

(二) 创意构思

依据第三章所讲的创作路径,准备好资料,就可以开始设计构思。创意由经验、知识、与生活的接触得来。设计者可从多个角度思考,用草图捕捉浮现于脑际的构想,将创意图形化。设计者要注意内容与表现风格的统一,根据已决定的方案选用表现风格:东方风格还是西方风格,现代风格还是传统风格……不论什么风格,都要确保图形新奇、易懂、易读、易记,传播信息快捷、内容准确生动、有强烈的形式感和艺术魅力,给人留下深刻的印象,让人获得美好的体验。

(三) 图像的创作

现代设计的艺术表现形式有手绘、摄影和电脑合成等多种手段。手绘能保证作品的原创性和艺术性,摄影和电脑合成可以确保创意的实现。这些方法既可单独运用又可以结合运用,综合运用多种手法可以使画面更有层次感。平面招贴公益广告画面的图文构成要注意三个要点:内容形式要紧密结合;新概念、新构思、新鲜感要出奇制胜,要有"语不惊人死不休""图不惊人死不休"的决心,最好能给人以智慧的启迪。图的创作要遵循视觉语言规律,具体在第五章有详细的阐述。

(四)图与文的互动

好的平面媒体公益广告,不是图与文的堆砌,而是图与文的互动、联系与不可分割。这样的优秀案例很多,我们就用一则同学的作品来说明吧。有一则全国环境保护公益广告大赛银奖作品(北京工商大学广告系学生的作品),名称是《一次性筷子》。它的整体画面为棕黄色,意为无边的黄沙土,主体画面是一双双即将被掰开的一次性筷子,筷子上画着象征意义的树木,意为掰开一双筷子就是在砍伐数棵树木,它的文案是:"拿起它,你已吃掉森林!"作品的图和文相互契合,警示性的短语充分地表达了呼吁人们不要使用一次性筷子的主题。在平面招贴公益广告中如果只有图,没有文字,也不能被称为广告。简练精干的文案,能实现广告的有效宣传。平面广告标题文案是配合广告图而存在的,一般字数不多,言简意赅,却往往是灵魂之笔。每一则经典的公益广告标题文案,无不蕴藏着文案工作者丰富的社会阅历和生活经验。

(五)编排与构图

这里的"编排"是指整个画面的设计安排。它关系到图的形态、大小、位置、色彩,文字的大小、造型、字距、行距,以及图与文字的组合等产生的整体效果。在新闻传播专业称其为"编排",在艺术专业称其为"构图",当然它们各有所侧重,但目标都是一样的,都是为了将画面中的各个元素有序地排列组合,使它们呈现出易读且美观舒适的面貌。

编排或构图依据的是人的视觉注意的规律,其要点如下。

(1)视觉中心的规律。在画面的视觉中心的位置安排作品的主体形象,使它起到统率全局的作用。

(2)视觉流程的逻辑规律。画面中的各个元素根据作者想要传达信息的主次秩序进行大小、位置、色彩的逻辑排列,称为视觉流程。例如,人的视觉认知是图比文字更具有可视性与诱导性,所以将主图作为画面的视觉中心,并做放大处理,其他辅助信息就做缩小或弱化处理;对于广告语要做简要和放大的标题强化处理,但对于说明文案要做缩小和位置上的弱化处理。

(3)视觉流程的气韵规律。气韵,是比较难解释的。记得中央工艺美术学院辛华泉导师在讲课时说,"气韵,就是鼓动万物的生命力",笔者对此记忆犹新,十分认可。构图中的气韵从何而来?主要是构图的安排要"得势",比如:如果是横向视觉流程,要基本依照水平方向牵引视线,尽量按从右至左的方向来编排信息,使得画面产生安逸、平展、横卷展舒的开阔感;如果是竖向视觉流程,要引导人的视线依照上下的垂直方向牵引视线,尽量按从上至下的方向来编排信息,使画面气势产生纵贯天地的仰视感。

编排或构图工作是技术和艺术融合的工作,既要掌握艺术方法,也要掌握设计软件的技能,但艺术方法起主导作用。

(六)印制

平面招贴公益广告,必须经过批量印制并发布,才算创作完成。所以设计师要跟踪到印刷厂,确认印刷出的样稿色彩、分辨率等都准确无误。平面招贴公益广告的创作可以是个体的劳动,也可以是团队合作的产物。在广告公司中常常分为创意、编排、技术等环节,由美术设计、文字设计、插图设计、编排设计及印刷设计等人员共同合作完成作品;在艺术设计专业常常是一个人即可完成的个人作品。

二、报纸、杂志公益广告作品的媒体特征

报纸、杂志公益广告媒体特征与平面招贴公益广告媒体特征几乎一致,因为它们都是平面公益广告,在大众媒体中都属于印刷广告。不同的是,平面招贴公益广告面积大,是以图为主、文字为辅的图文并茂的广告作品。而报纸、杂志公益广告媒体特征是作品体量

小,因为需要文字能够看清楚,所以有时会反过来以文字为主,放大文字,形象为辅。所以报纸、杂志广告设计的重点在于标题的创作,尤其是报纸广告这方面特征更明显。

(一)标题的创作

报纸、杂志广告设计的重点在于标题的创作。在整个画面中,标题是广告的精华就在,它的字号应最大,地位应最突出。它可以是一个句子,也可以是以主题为主加上辅题和引题三部分构成的完整标题。常见的有主题+辅题(或称副题)、引题(或称肩题或眉题)+主题,也有引题+主题+辅题十分完整的结构,如图4-1所示。

善待每一种生命存在——

请带我回家

—— 给流浪小动物一个家

图 4-1　标题创作示意图

这个标题三部分中的"善待每一种生命存在"是引题(引导性的句子,是主题的先行官、引导者),"请带我回家"是主题(是有诱导性的、情感性的独立句子),"给流浪小动物一个家"是辅题(说明性的、报道性的句子,作用是弥补主题之不足)。

(二)版面的编排

报纸、杂志广告的版面编排,可以参考平面招贴公益广告的编排与构图,不同的是,报纸、杂志的版面是与报纸、杂志的文章和多个广告并置发布。这样,各则广告间会相互干扰,降低人们的注目率,所以报纸、杂志广告设计要了解发布的环境,根据版面情况决定设计编排。

1.视觉区别

在安排报纸、杂志广告时,要使用区别原则,对相邻的广告做一定的区别,比如一静一动、一亮一暗、一暖一冷等,使每一则广告都与周围的广告相区别而存在。版面编排要讲究大小对比、疏密对比、主次分明、清晰易认,这样才能提高信息的辨识度,吸引读者的视觉注意力。

2.空白留余

报纸、杂志广告一般信息比较多,所以信息与信息之间需要空白留余作为间隔,形成稿件之间的自然分界线,才能使信息看起来整齐、易读,增强可视性。空白留余是自然留白,空白留取的方法一般为:在不加框的情况下,文稿的左右各留一字宽、上下各一行高的空白,千万不能不留空白。图与文字之间也要留空白,不能连在一起。

3.扬长避短

报纸广告和杂志广告各有所长。报纸广告创作应充分发挥报纸广告制作成本较低、发布灵活等特点,使报纸广告更具体、单纯,更具有针对性。报纸广告应考虑媒体的印刷条件和技术水平,根据纸张和油墨、制版情况来确定设计风格,如可采取黑白对比强烈的表现形式,尽量采用特大字号来突显内容,造成视觉冲击力。杂志广告印刷相对讲究,所以应发挥在图像视觉效果方面的优势,让图像更细腻、更精美、对象更集中、色彩更鲜艳,以此来吸引注意、引发兴趣、刺激需求、赢得受众好感。

第二节　广播媒体公益广告艺术

广播媒体公益广告通过诉诸听觉的声音传导公益广告信息,引起受众关注公共责任和社会行为规范等。广播媒体公益广告主要是通过声音来传递的,但在声音传递前期,首先要创作文字稿。因此,广播媒体公益广告艺术创作主要有三大要素:一是文稿写作艺术;二是、语言艺术;三是音乐和音响艺术。

一、广播媒体公益广告的文稿写作艺术

广播媒体是诉诸听觉的媒体形式。它依靠电波传播,具有传播迅速、普及率高、受众广泛、制作成本低的优点。但它也有明显的局限性,如声音稍纵即逝、记忆保存性差、没有视觉画面呈现、有时会使受众产生误解和歧义等。广播媒体公益广告文稿写作就是既要服从于艺术的求真、求善、求美原则,又要服从于广播媒体特点的写作艺术。为了利于传播,广播媒体公益广告文稿写作可采用如下艺术形式的文体。

1.故事体

如讲故事般陈述,以故事的口吻和情节引人入胜,再配以音乐的音响效果更佳。要避免像新闻联播那样,我国公益广告法规定公益广告不能模仿新闻联播。

2.对话体

对话体的形式生动活泼,尤其是一两个以上不同角色的人物,一个是男生,一个是女生,或者一个是大人,一个是小孩,或者不同的声音,对话体富有变化的声音让人觉得特别亲切、自然,容易让人在不知不觉中接受信息。对话体使广告能够很好地融入情感因素,并达到以情感人的效果。

3.小品体、相声体、快板体

之所以要用这些文体,是由广播媒体广告的传播特点决定的。广播媒体广告声音稍纵即逝,又看不到形象,所以要用特别轻松愉快的方式让听众在短时间内接受。广播稿的写作还要意识到广播媒体广告的陪伴功能,让广播媒体广告特别好听,有美感,让听众感觉是一种享受,爱听、入耳、入心。

除此以外广播媒体广告文稿的常见文体还有戏曲体、诗歌体、

说唱体、歌曲体等。由于听众收听广播媒体广告时,常常处于一种下意识状态,因此要在短时间内赢得听众的兴趣与关注,广播媒体广告语言文字的表达要注意亲切自然、形象可感、简捷明快、适当重复。广播媒体广告文案的写作要注意通俗化,多用口语词,使文字形象化、口语化;多用短句、简单句,少用长句、倒装句。

下面让我们一起来感受两则优秀的广播媒体公益广告案例。

案例1:公益广告《……心也亮了》

女:讨厌,搬来第一天就停电!

(门铃声)

小女孩:阿姨,你们家有蜡烛吗?

女:没有!

(粗暴的关门声)

男女讨论声:才搬来第一天就来借东西,贪小便宜,以后这邻里关系可怎么处啊!

(门铃声)

女:怎么又是你?!

小女孩:阿姨,这是我妈妈让我给你们送的蜡烛。

话外音:屋里亮了,心也亮了……

这则公益广告案例,用简单的语言和情景再现的方式,把听众带入了一个故事情节中。先是主人公对小女孩的误解,后面听到小女孩说"阿姨,这是我妈妈让我给你们送的蜡烛",听众随着故事的进展而恍然大悟。尤其是最后那句充满深情的总结性话外音:"屋里亮了,心也亮了……"这句广告语将整个故事升华。这是对前边描述的故事的总结,更是点题和提升。这就是这则公益广告让听众受感动的亮点,同时也是我们说的公益广告不但要入耳,还要入心。文稿创作中不光要有语言技巧,还要注意故事是否感人,所以我们平时要注意收集好故事,积累素材,这样才能写出有内容的广播媒体公益广告作品。

案例2:公益广告《器官捐赠》

病人A:看不到光明的我,因为你的角膜,让我知道了什么叫作颜色。

病人B:本以为我的后半生只能在病床上度过。直到有了你的心脏,我又感受到了真实的脉搏。

齐声:我知道,我知道这一切都是因为你的奉献——你在那个世界还好吗?

旁白:器官捐赠是一场生命的接力。

童声:以爱传递,让爱延续。

这则器官捐赠的公益广告,体现了生命的对话。整个广告一气呵成,既有捐赠者的大爱,也有受益者对捐赠者的感恩和问安,令人感动,同时广告语在最后点题。这是一则充满爱心的公益广告,也是一则非常专业、规范的广告。

广播媒体公益广告中的广告语和文案,可遵循以下方式诉求文法。

1.直接表达式

如"为了你和家人的健康,请不要吸烟!""停止战争,为了孩子!""多一些润滑,少一些摩擦!""用爱心为生命加油!""尊师重教是中华民族的优良传统!""珍惜健康,珍惜生命!"等。

2.象征式

如"给自己一个干净的微笑……",这里的"干净"就是一种象征,给人想象的空间,"干净"用得绝妙;还有如"不要让我无故流泪"(水龙头节约用水广告)等。

3.警示式

如"千万别点着你的烟,它会让你变为一缕青烟!"(加油站禁烟广告)"一时的快乐,永恒的伤痛——请勿吸烟!""点燃你的烟,污染了空气,害了人性命,良心在哪里!""司机一杯酒,亲人两行泪!""如果人类不从现在节约水源,保护环境,人类看到的最后一滴水将是自己的眼泪!""贪欲就像气球,极度膨胀,结局只有一个——自毁灭亡!"等。

4.提问式

如"你想为社会做点贡献吗? 你愿为他人献点爱心吗? 请参加无偿献血!"等。

5.劝导式

如"种下一棵树,收获一片绿荫;献出一份爱心,托起一份希望!""用心点燃希望,用爱撒播人间!""56 个民族 56 朵花,56 种语言汇成一句话:请说普通话!""涓滴之水成海洋,颗颗爱心变希望!""节省一分零钱,献出一份爱心,温暖世间真情!""讲好普通话,朋友遍天下!""人体的 70%是水,你污染的水早晚也会污染你,把纯净的水留给下一代吧!"等。

6.幽默式

如"爱我,追我,千万别吻我!"车体广告语等。

7.升华境界式

如"热血是生命的标志,无偿献血是文明进步的标志!""荐我热血,点燃他人生命之光。""说地地道道普通话,做堂堂正正中国人!""完美真实地将祖先留下的杰作传给子孙后代,是华夏儿女的责任!""您的爱心能托起一项事业——希望工程!""心为良田,百世耕之有余;善为至宝,一生用之不尽!"等。

二、广播媒体公益广告的语言艺术

广播媒体公益广告文字稿写好后要通过播音传递信息。通过播音传递信息是广播媒体公益广告传播的主导方式,因此广播语言的艺术表现至关重要。

广播媒体公益广告的语言艺术就是播音的艺术,但又不等同于新闻播音。它相对更灵活,主要有四个方面的基本要求。

(一)吐字清晰

用口语,少用文言文和书面语,发声响亮,声音结实、干净利落。如"至此",最好要说成"这时候";"询问",最好要说成"打听";"已",最好说成"已经";"自",最好说成"自从"等,还要能投入剧情中,进入所扮演的角色。

(二)语意具体实在

少用抽象空洞的语句,多用形象和平实的语句,切忌拖沓啰唆。适当重复广播语言,因为广播声音稍纵即逝,所以在重点的地方,一定要适当的重复。

(三)语调富于节律

语调快慢有致,富有节奏感,抑扬顿挫,清楚悦耳,富有美感。

(四)态度亲切有味

演播时应娓娓道来,似倾诉心曲,富于人情味,切忌说教。易使人产生亲切感的播音形式有:促膝谈心式、对话式、小品式、现身说法式等。这些艺术表达形容有一种叙事性和韵律美,能把内容很好地表现出来,能够吸引听众对广告的内容产生兴趣,引起精神共鸣,从而达到广播媒体公益广告的传播目的。

此外,还要特别要注意,广播媒体公益广告的播音语言是由文稿转换而来,所以要注意不要出现"播音腔",要亲切自然地将文稿"说"出来,而不是复"读"。"读"与"说"的不同在于前者是被动地复述,后者是能动地创造。广播媒体公益广告的播音语言是"说"出来的,广播媒体公益广告艺术的"说"有如下特点。

1.亲切地"说"

俗话说,话需通俗方传远。通俗则易懂,通俗便亲切自然。如以聊天的口吻、使用口语化和形象化的词语,而不要用"读"的口吻。设想文案是写给几个知心朋友的,播音也是与几个朋友娓娓交谈,而不是在大礼堂做报告。这样才传播效果才会好。

2.简短地"说"

把长句子变成短语。如果句子太长,一句接着一句,就会听了后面忘了前面的,抓不住要领,会影响记忆,所以要把长句拆开,用短句,短句会使人牢牢记住,变成深层记忆。语言要想有鲜明个性,也必须简短。

3.重复地"说"

广告结尾的广告语,往往是广告人千锤百炼的一句话,是整个广告的精华所在。为了避免声音稍纵即逝、听不清楚、因误听而产生歧义,播音时可以适当重复广告语。这样不但可以使信息传达到位,而且也能使整个广告作品更加坚定有力。

4.形象地"说"

声音是没有形象画面的,播音者要使用可感的语言让听众感受到你所描述的形象,创作者写广播广告脚本时要使用比喻、象征的修辞语言,打比方、举例子,让听众有身临其境感觉。

5.响亮地"说"

这里的"响亮"是指写作时尽量使用发音响亮的字、词。这样的播音会更响亮。比如"日"与"号","号"字读起来就比较响亮,所以在广播中说"几月几号",而不说"几月几日"。创作时多使用发音响亮得字、词,会使广告文案读起来更加朗朗上口,广告播音也能达到字正腔圆、音韵美好的效果。

6.丰富地"说"

如何使广告的声音丰富而感人?广播稿多用对话形式,尤其是两个以上不同角色的人物,如一个是男生,一个是女生,或者一个大人,一个是小孩,或者不同的声音对话、一问一答式的对话,都特别容易吸引人,容易让人在不知不觉中接受信息。对话式的广告有声音的对比,容易产生节奏韵律变化和抑扬顿挫之感。使听众感到丰富而不单调的声音,有美感,且这个美感让听众感觉是一种享受,爱听,能听得下去。这就是先入耳后入心。

7.幽默地"说"

广告脚本中常借鉴小品、相声、快板这些文学作品形式,以滑稽、诙谐、逗笑的语言形式反映作品,这样很容易让听众在不知不觉中喜欢和接受作品。幽默是一种学识、灵感的思想显现,是人类智慧的结晶。运用幽默语言,哪怕是极为严肃的主题,也会让人在轻松愉快中得到哲理的启迪。

8.善意地"说"

公益广告有匡正过失的功能,因此不可避免地会提出批评意见。但是,批评的目的是真心帮助人,要避免简单粗暴,因而要善意地"说"。规劝是一种常见的具有征服力的口头表达方式,有时人们对自己的缺点、问题、弱点看不清楚,就需要别人的规劝和指导,俗话说"当局者迷,旁观者清"。规劝,正是清醒的旁观者对迷蒙的当局者的一种指点,像春风化雨,润物无声,使人认识问题和有所领悟,虽苦口,但是良药忠言,使人愉快,使人转变。规劝能够扫除人们心头的愁云,消除思想上的障碍,减轻精神上的痛苦,具有疏通开导、劝诫、抚慰以及激励的作用。

9.动情地"说"

这里所说的"情"是指感情、情绪、情怀、情谊、情义、情致、情趣、情韵、情愫、真情实意、情投意合,等等。"浔阳江头夜送客,枫叶荻花秋瑟瑟。主人下马客在船,举酒欲饮无管弦。醉不成欢惨将别,别时茫茫江浸月。忽闻水上琵琶声,主人忘归客不发。寻声暗问弹者谁,琵琶声停欲语迟。移船相近邀相见,添酒回灯重开宴。千呼万唤始出来,犹抱琵琶半遮面。转轴拨弦三两声,未成曲调先有情……"白居易的《琵琶行》整篇诗词一气呵成,情真意切,使人为之动容。广告的文字若也能"未成曲调先有情",文案就算取得初步的成功了。广告艺术的动情,就是想使路人成为知己、情真意切地缩短人与人的距离。因此,广告文案要内容实在,字字含情,句句动心,以情动人,将真情实感淋漓尽致地表达出来。"感人心者,莫先乎情",情感在艺术作品中是心灵的居所,一件作品若少了情感,就只是躯壳。人类有美好的情感体验,也有失望、恐怖、痛苦、绝望等情感体验,所以美有"优美""壮美""崇高美""悲剧美"等等。情感让艺术作品具有了人性魅力,能唤起人们普遍的心理共鸣。一个能弹出优美曲调的人,可能是他内心深处流淌着优雅,一个好作品也可能是作者心灵深处流淌出的一首歌,因为情是由心而生的。

10.积极地"说"

语音和声调要积极。积极地"说"是指读起来给人以昂扬向上之感,要选择读音昂扬向上的词语和语句,给人一种美好的感觉。同时为了避免同音字可能会出现一些声音传递的误听,要慎重使用同音字。

11.副言语诉"说"

人类的语言传递是由言语和非言语两大方面组成的,研究语言无法忽视非言语。非言语传播是指在言语传播之外的表情、手势、姿态,以及延伸出的绘画、舞蹈、音乐等艺术表现。文字语言中的副言语语义是指人们在书写或说话时产生的停顿、语气等非文字实体的部分。大家对广告语言文字中的副言语功能不可忽视。

广告中的副言语主要表现在:语言文字中的语音、语调、语气、语速、停顿、感叹等,音乐中的音量、音高、音色、音质、节奏等。其实,副言语表达不仅存在于语言文字中,它同样存在于影像中。副言语表达在广告表达中起到了塑造环境、烘托气氛、帮助语义准确传递的重要作用,不得不引起我们的注意。

副言语的暗示特征很明显,如语言文字中的标点符号、停顿、感叹等往往在发挥着重要的作用。一段文字使用的是句号、叹号还是省略号，给人的暗示是不一样的，一句话是停顿还是连贯给人的感受也是不一样的，所以副言语符号有时看起来不显眼，实则"杀伤力"很强。

三、广播媒体公益广告的音乐和音响艺术

广播媒体公益广告中的音乐和音响艺术虽不为艺术主导，但作用是非常明显的。如果没有它们的参与，广播媒体公益广告就会缺少很多魅力。音乐和音响有认识功能，可以让广播广告引起听众的联想、想象和共鸣，以潜移默化的方式进行情景带入，如听到国歌就感受到国家尊严，如听到"世上只有妈妈好"就感受到母爱的温暖。古典音乐、流行音乐、民族音乐、乡村音乐等给人不同的感受。音乐和音响是广播媒体公益广告中极为重要的部分，是广播媒体公益广告不可或缺的一部分。

(一)广播媒体公益广告音乐艺术

广播媒体公益广告音乐有背景音乐与广告歌曲两种艺术形式。广播媒体公益广告音乐最好是大家熟悉的乐曲，一般要根据主题的特性，配上不同风格的音乐，渲染和创造不同的情境，让听众产生联想和兴趣，从而引发对广告内容的关注。公益广告歌曲，大多曲调悠扬动听，歌词通俗顺口，易学易记，故能起到很好的宣传效果。公益广告歌曲的创作应注意传承、通俗和鲜明。

1.传承

熟悉的旋律可以让人感到亲切，尤其是传统和现代经典音乐早已为大众所认可，是民族文化宝贵的财富。吸取其精华进行再创造能给人"似曾相识"的亲切感，使传播效应得以快速提高。

2.通俗

曲调富于节律，以易于群众传唱为原则，即使是孩子，亦能完整

地唱出,利于传播。

3.鲜明

公益广告歌曲应个性鲜明、信息强烈、节奏明快、旋律优美,给人强烈的印象。音乐的情感作用是以美动人,以情动人,潜移默化,使人共鸣。

(二)广播媒体公益广告音响艺术

音响能给广告提供想象的场景和形象,能刺激听觉引起情绪反应并激发联想,制造气氛,有强烈的提示作用,使人产生身临其境的真实感受。公益广告音响在审美功能上大体可分为两种类型。

1.情境性音响

情境性音响渲染气氛,使人产生联想并进一步了解广告主题。情境性音响有多种形式,有的表现为环境音响,有的是作品中人物或景物发出的音响等。

2.象征性音响

象征性音响直接与主题挂钩,易使人产生相似联想并记住这则广告。

第三节　影视媒体公益广告艺术

影视媒体公益广告包括电影公益广告和电视公益广告。它是借助影视播放手段生成的动态公益广告片,通过综合运用图像、声音、音响和字幕,进行多维信息传递,一般有实拍加工和动画片两种形式。影视媒体公益广告制作一般是由策划总监、设计师、摄影师、化妆师、后期制作等人员合作的大制作,也有全能手一人搞定的小制作。

影视媒体公益广告比平面媒体公益广告更方便展示形象的动

作和人物故事的过程。其媒体特点可以概括为:(1)形象、直观、艺术。(2)活动、现实、真实、叙事。(3)世界的、民族的。目前,影视媒体广告片的常规时段有 5 秒、10 秒、15 秒、30 秒、60 秒等。影视媒体公益广告的创作过程有创意、脚本、拍摄、剪辑、后期等步骤,各个步骤又有着密不可分的关系。

影视媒体公益广告的艺术表现主要由以下三部分要素构成:一是视觉画面,包括人物、景物画面和字幕等;二是听觉部分,包括有声语言、音乐和音响;三是拍摄手法。此外,影视媒体公益广告作品与所有广告一样,必须遵循《广播电视广告播出管理办法》的管理,接受《广播电视广告审查标准》的审核。

一、影视媒体公益广告的视觉画面艺术

(一) 以画面为中心和中心画面

以画面为中心是指图像在影视媒体公益广告传达信息过程中起主导作用,文字和声音处于从属地位。影视媒体公益广告制作应主要考虑增强画面的视觉效果,以画面为中心。影视媒体公益广告由若干连续画面组成,所有画面应围绕一个主题。这些画面承担的表现任务应有主次之分。中心画面是居于主要地位的画面,是表现主题的焦点,是表现主题的中心环节,其画面内容直接与主题相关,容易给人留下深刻印象。中心画面有些是连续性的画面组合,有些则是非连续性的画面配置。例如,公益广告的开头与结尾具有"先声夺人"与"后发制人"的作用,因而也是设置中心画面的关键位置。

(二) 画面语言的直观性与独到性

影视媒体公益广告创意应真实、直观、简洁,让目标受众快速地理解每个画面传达的信息,画面要与广告主题融为一体。受时间限制,影视媒体公益广告的画面应"要言不烦",应合理运用压缩、省略、跳跃等手法来减少画面,能用一个画面说明的就不用两个画面。例如,时长 30 秒的电视广告一般以八九个画面为宜。这八九个画面要把信息交代清楚,要抓住要点,加强视觉冲击力,给观众留下深刻印象。

(三)画面的人情味和新颖独特性

影视媒体公益广告借助形象手段叙事,面对各个阶层的人群应以人为本,用情感诉求、生动有趣的介绍、悦人心情的形象,以情动人来讲好故事。影视媒体公益广告要有创新性,要新鲜活泼,不能千篇一律。没有创新的广告很难引起观众的注意。影视媒体公益广告主要依靠画面语言刺激观众,画面应该准确,视角独特,在构图、形象组合、拍摄手法、表现风格等方面寻求创新。

二、影视媒体公益广告的视觉字幕艺术

影视媒体公益广告的广告语一般出现在非出现不可的时刻和关键的地方,用字幕的形式出现。这决定了其广告语在结构上的不完整——画面已经表现充分的地方,广告语就不必说或尽量少说。广告语往往以精辟的语言对广告创意进行点睛,体现广告创意的精髓。影视媒体公益广告以视频为传播手段,要尽可能依靠画面来表现主题,不宜使用过多的文字和语言。影视媒体公益广告字幕主要作为画面的"表白"。

1.为画面"点睛"

为广告结尾而写的广告语即片尾广告语,往往是点睛之笔,总结之笔。它在节骨眼上作画龙点睛、水到渠成式的提示,不游离画面;要求尽量简短,具备口语化、语言对仗、容易记忆、易于流传等特点。

2.言画面所未言

画面适宜展示商品形貌、用途、使用方法、制造过程、工艺水平

等,但不适合介绍抽象知识。语言文字能补充画面所未言并揭示主题。

3.为画面增添诗情

语言文字不能只是跟在画面后头进行说明、补充,应该发挥独特的作用。语言文字应与画面匹配,协助画面营造情绪气氛,增强广告的感染力,推进情节的发展。

4.字幕的强化功能

字幕参与影视媒体公益广告画面,字数要少而精。字幕有时成为画面的组成部分,有时单独出现在屏幕上。它往往经过艺术处理,辅以光影效果,形成字幕画面。文字不宜多,字体宜大不宜小,要容易辨认。文字的色彩要区别于背景色,字幕出现要巧妙,构图要灵活,字幕停留时间应适当。口语要重生活化,朴素、自然、流畅,体现口头语言的特征。以字幕形式出现的广告词要体现书面语言和文学语言的特征,并符合广播电视画面构图的美学原则,具备简洁、工整的特征。

三、影视媒体公益广告的听觉艺术

影视媒体公益广告的听觉部分包括有声语言、音乐和音响等一切声音形态。

影视媒体公益广告是"声画合一"的艺术。影视媒体公益广告中的有声语言都是为了配合画面传情达意的。影视媒体公益广告有声语言的主要构成元素有:(1)人物表达思想情感时的声音,如对白、独白、旁白、心声、自语、笑声、哭声、感叹声、惊讶声,等等。(2)音乐的声音,指专门为影视媒体公益广告画面编配的音乐,是用以烘托作品气氛、带动观众情感的重要手段音乐语言的种类有背景性音乐语言、戏剧性音乐语言、抒情性音乐语言、描绘性音乐语言、说明性音乐语言。(3)音响语言,指作品中模拟自然界的一切音响。

音响语言在实际应用时,大体有动作音响、自然音响、背景音响、机械音响、特殊音响等。

一般地,音乐节奏与画面节奏应保持同步。节奏快的画面,应配合节奏快的音乐,反之亦然。例如:儿童玩具的广告,配合人物的快速活动,音乐的节奏也应活泼、跳跃。画面表现的情境应符合音乐情境。音乐的节奏与画面的节奏也可不同步进行,以产生强烈的反差,引起人们的注意。运用这种对比手法应把握情绪上的一致性。

四、影视媒体公益广告的拍摄艺术

拍摄手法是技术层面的,它服从于内容创意。创意是一则广告的精华所在、思想所在、灵魂所在。创意需要一个载体来实现。对于影视媒体公益广告,拍摄手法是实现创意的重要技术手段载体。创意和拍摄手法是互相依存密不可分的。拍摄手法主要是拍摄技术和后期处理(剪辑、蒙太奇、细节特效等)。优秀的拍摄技术能更好地丰富和体现作品的内涵,使得后期剪辑等更加容易,为整部广告片增光添彩;糟糕的拍摄技术会使作品平淡,为后期剪辑等带来困难,对主题表达无益。拍摄角度可分为平摄、仰摄、俯摄。一部片子全都使用一种拍摄角度会让人乏味,变换一下拍摄角度,能让视觉产生丰富感,但不可过多地变换拍摄角度。广告片的后期制作是剪辑,也是取舍和加工修饰,是影片得以全方位完善的重要后期工作。

从专业的角度看,影视媒体广告作品是团队合作的结果,其基本流程如图4-2所示。

公益广告短片制作流程

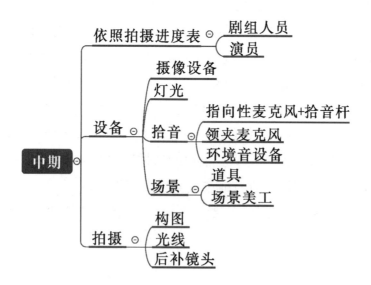

主题构思 ⊙ 影片主旨/确定主题

文字脚本
（影片的核心）⊙ — 故事内容文字化
　　　　　　　　 — 落实为镜头

前期 ⊙
　　　分镜稿 ⊙ — 构图三分法
　　　　　　　　 — 取景景别 ⊙ 远景、全景、中景、近景、特写、大特写
　　　　　　　　 — 也可以是概略图，场面调度图

　　　道具 ⊙ 根据分镜稿，确定全剧所需要的道具，提前准备

　　　拍摄计划表
　　　（拍摄进度表）⊙ — 按照分镜脚本落实每一个镜头 ⊙ 时间，地点，人物，画面，角度，等等
　　　　　　　　　　　　　　　　　　　　　　　　　 特殊需要也需要备注出来
　　　　　　　　　　 — 区分好前期拍摄及后期实现的内容

依照拍摄进度表 ⊙ — 剧组人员
　　　　　　　　　 — 演员

中期 ⊙
　　　设备 ⊙ — 摄像设备
　　　　　　　 — 灯光
　　　　　　　 — 拾音 ⊙ 指向性麦克风+拾音杆
　　　　　　　　　　　　 领夹麦克风
　　　　　　　　　　　　 环境音设备
　　　　　　　 — 场景 ⊙ 道具
　　　　　　　　　　　　 场景美工

　　　拍摄 ⊙ — 构图
　　　　　　　 — 光线
　　　　　　　 — 后补镜头

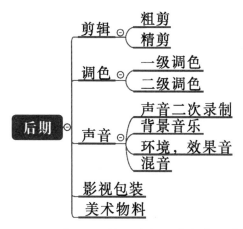

图 4-2　影视媒体公益广告短片制作流程(黄亦亮,2022)

五、影视媒体公益广告的脚本

影视媒体公益广告的脚本写作是按镜头顺序进行的,颇似电影文学剧本的写作,因而被称为影视媒体公益广告脚本。影视媒体公益广告脚本是影视媒体公益广告创意的文字表达,是广告信息内容的语言文字说明。影视媒体公益广告脚本的语言文字构成主要有:故事过程、人物对话、解说词、广告语等。然而,影视媒体公益广告脚本没有直接与受众见面,它只是为导演进行再创作提供的详细计划、文字说明或蓝图,是影视媒体公益广告作品形成的基础和前提。它包括文学脚本和分镜头美术脚本。文学脚本是分镜头美术脚本的基础,分镜头脚本是对文学脚本的分切与再创作。

下面我们就来看一则央视公益广告的文学脚本案例。

案例:公益广告《为妈妈洗脚》

(画面:妈妈一边给孩子洗脚,一边给孩子讲故事)

妈妈:小鸭子游啊游啊,游上了岸!

(画面:妈妈转身准备出去)

妈妈:你自己看啊!妈妈待会儿再给你讲!

孩子:嗯!

(画面:孩子好奇地跟出去看妈妈在做什么,发现妈妈正在给奶奶洗脚)

奶奶:忙了一天啦,歇一会吧!

妈妈:不累,妈,烫烫脚对您的腿有好处!

(画面:孩子转身离去,妈妈回到房间找不到孩子感到奇怪,孩子却费力地端着一盆水回来)

孩子:妈妈,洗脚!

(画面:妈妈欣慰地点着头)

(画外音:其实,父母是孩子最好的老师!)

(画面:孩子给妈妈洗脚)

孩子:妈妈,我也给你讲小鸭子的故事。

(字幕:将爱心传递下去!)

若将上述故事情节——睡觉前妈妈给儿子洗了脚,然后又给自己的妈妈洗了脚,孩子看在眼里,小小年纪的他给妈妈打来一盆洗脚水请妈妈洗脚,用美术的画面与文字一起配合表现出来,类似于连环画,就会形成影视媒体视公益广告的分镜头美术脚本。脚本创作最为重要的一点,那就是"生活"。生活是创作的源泉。

影视媒体公益广告除了文字脚本还有分镜脚本。分镜脚本的作用是在文字脚本的基础上将构思视觉化,是拍摄、剪辑以及后期制作的重要参考,也是演播人员领会脚本、理解脚本并进行再创作的依据。影视媒体广告分镜脚本的表现如图4-3、图4-4所示。

办公室篇

01		场景：办公室 男子苦闷地看着资料，女子伸手关灯	关灯音效
02		场景：办公室 灯都灭了，只留男子桌上一盏，男子抬头看，女子走出画面	
03		场景：办公室 男子带着疲惫仰头	
04		场景：办公室 男子疲惫地向后瘫	

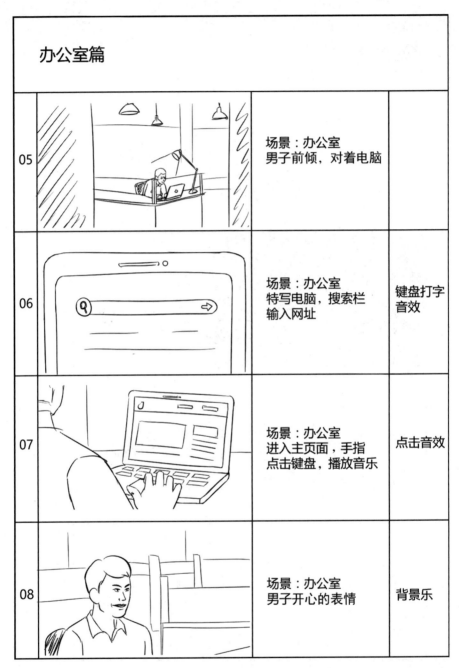

	办公室篇		
05		场景：办公室 男子前倾，对着电脑	
06		场景：办公室 特写电脑，搜索栏 输入网址	键盘打字 音效
07		场景：办公室 进入主页面，手指 点击键盘，播放音乐	点击音效
08		场景：办公室 男子开心的表情	背景乐

图 4-3 影视媒体广告"办公室篇"分镜脚本(黄亦亮提供)

电梯篇

01		场景：电梯 按下楼层按钮	按下声音
02		场景：电梯 电梯不动，男子惊恐	惊讶声
03		场景：电梯 男子就地坐下，掏出手机	
04		场景：电梯 手机特写	

电梯篇			
05		场景：电梯 进入主页面，点击播放音乐	按下声音
06		场景：电梯 男子戴着耳机，手舞足蹈	播放音乐
07		场景：电梯 男子随着背景音乐手舞足蹈	同上
08		场景：电梯 男子手舞足蹈	同上

图 4-4　影视广告"电梯篇"分镜脚本(黄亦亮,2022)

六、影视媒体公益广告的剧情文案和片尾广告语

影视媒体公益广告中的文案主要由两部分构成：一是根据剧情与画面配合的剧情文案，二是片尾的广告语。

1.根据剧情与画面配合的剧情文案

它与广告中的形象配合，直观而能说明画面、点醒视觉形象。剧情文案需要体现艺术性、生动性、情感性，使观众产生一种身临其境的现实感。剧情文案创作中，需要注意：（1）在主题的统帅下，构思广告形象，确定表现形式和技巧。（2）以镜头段落为序，运用语言文字描绘出一个个广告画面，必须考虑时间的限制。因为影视媒体广告是以秒计算的，每个画面的叙述都要有时间概念。镜头不能太多，必须在有限的时间内，传递出所要传达的内容。（3）剧情文案的写作必须做到声音与画面的和谐，即广告解说词与电视画面的"声画对位"。（4）剧情文案应充分运用感性诉求方式，写得生动、形象，以情感人，以情动人，具有艺术感染力。

列举一则在"学习强国"中发布的公益广告短片——《风雨同路》中的剧情文案（该片由厦门市思明区厦门星球超话影视传媒公司制作，文案作者：詹文）。该文案记录的是 2020 年抗击新冠肺炎疫情中医护人员为爱献身的纪实性的一个个感人镜头。

风雨同路

你微笑着转过头
倔强地往前走
路途还遥远漫长
有泪往心里流
隔着长长街巷
我用力对你挥手

那么多平凡的守候
心疼两字说不出口
懂你的欲言又止
懂你的委屈酸楚
懂你不想诉说的苦
你的坚强付出
你的肩上
有多少沉重的累与痛楚
我的心中
有多少深沉的爱与感动
因为知道你的苦
所以和你一起哭
相约和你一起哭
我们一定要挺住
风雨同路
你微笑着转过头
倔强地往前走
路途还遥远漫长
有泪往心里流
隔着长长街巷
我用力对你挥手
那么多平凡的守候
心疼两字说不出口
眼泪曾饱含辛苦
眼泪也饱含幸福
你我冷暖相知
你我风雨同路
……
风雨同路

2.片尾广告语

广告结尾的广告语即片尾广告语,往往是点睛之笔、总结之笔。影视媒体公益广告的片尾广告语可以采用画外音、人物告白、歌词、歌曲和字幕等形式。片尾广告语创作中需要注意:(1)要口语化:生活化、朴素、自然、流畅、易听、易读、易记忆、易流传。(2)要有一定的文采:简洁、均衡、对仗、押韵、工整。(3)要尽量简短:用文字来弥补画面内容表达的不足、揭示和深化主题、进一步强化主题信息。因此,广告语不要包罗万象,不要贪多求全,要主题明确、简洁洗练。

这方面的案例很多,如保护环境广告:"地球你我家,保护靠大家""自然是我们得以生存的母亲""心灵播撒绿色种子,汗水犁出美丽家园""保护环境就是保护人类自己";如推广普通话广告:"普通话不普通,平凡人不平凡";如无偿献血广告:"人间自有真情在,无偿献血播下爱""为何血浓于水? 因有爱在其中";如保护濒危野生动物广告:"没有买卖就没有杀害"等。

七、影视媒体公益广告的管理与审核

影视媒体公益广告的管理与审核是为了规范影视媒体公益广告的播出秩序,促进广播电视广告业的健康发展,保障公民合法权益必要的管理措施。

《广播电视广告播出管理办法》是依据《中华人民共和国广告法》《广播电视管理条例》等法律、行政法规制定,由国家广电总局于 2009 年 8 月 27 日局务会议审议通过,2009 年 9 月 8 日由时任国家广电总局局长王太华以广电总局令第 61 号文件形式发布的,并于 2010 年 1 月 1 日起施行。《〈广播电视广告播出管理办法〉的补充规定》于 2011 年 11 月 21 日经国家广电总局局务会议审议通过,2011 年 11 月 25 日由时任国家广电总局局长蔡赴朝以广电总局令第 66 号发布。目前使用的《广播电视广告播出管理办法》就是据

2009 年 8 月 27 日国家广电总局局务会议审议通过的《广播电视广告播出管理办法》和 2011 年 11 月 21 日国家广电总局局务会议审议通过的《补充规定》修订而成的。类似的文件还有国家广电总局颁发的广告内容的审核规范文件等。创作者在进行影视媒体公益广告创作时都应该了解相关管理规定。

第四节　户外媒体公益广告艺术

户外媒体公益广告是指设置在户外公共场所的大型的公益广告,如利用公共场地的建筑物、车站广场、公路铁路两侧等户外空间设置、悬挂、张贴的公益广告。它的形式多种多样,有静态的、有动态的,如平面路牌公益广告、霓虹灯公益广告、灯箱公益广告、橱窗公益广告等,还有我国独具特色的建筑护栏公益广告。新型的电子户外媒体公益广告画面醒目逼真、立体感强,在传递信息、扩大影响上拥有其他媒体不具有的有效性和持久性。户外媒体公益广告不仅能传播信息,也能美化城市、展示城市文化、体现城市文明。户外媒体公益广告与老百姓的生活和环境息息相关,地段和位置的选择要合理,画面诉求要醒目、具体、准确,所选用的广告牌的材质要实用、美观、牢固等。户外媒体公益广告的设立要考虑到人文、艺术、传播、环境、科学规划等综合因素。

一、户外媒体公益广告的艺术

1.形式的创新
缺乏创意就会枯燥,真正有价值的户外媒体公益广告应当是接近生活、有地域特色并且对居民生活有实质性意义的公益广告。

2.以人为本

户外媒体公益广告在公共空间中如何能既传播文化、观念、审美,又切实为公众服务呢? 人性化设计是未来发展的方向,人性化设计的户外广告是户外媒体公益广告创作的重点。人性化设计的户外媒体公益广告既吸引了大众对户外公益广告的关注,又满足了大众的需求,体现了广告人对大众的关怀。这里列举一则 IBM 公司的户外环境广告(如图 4-5,图 4-6) ,通过对车站候车广告牌巧妙地微微改观,就使车站候车广告牌变为具有可给公众遮雨的功能和休息功能的有人性关怀的户外广告。这虽是 IBM 的形象广告,但已经具有很强的公益性质,对户外媒体公益广告创作有深刻的启示。

3.丰富媒体形式

充分利用现有的先进技术,制作 LED 屏广告、电子书广告等多种类型的广告形式,整合各类媒体资源,增加公益广告效果的到达率。

图 4-5　IBM 公司的户外环境广告(2013)

图4-6　IBM公司的户外环境广告(2013)

4.顾及城市颜值

　　户外媒体公益广告作为城市形象颜值的重要体现,必须与城市的总体规划相一致,做到形式与内容的高度和谐。在形式上,户外媒体公益广告的颜色、尺寸、材质、声音、灯光、选址、形态都必须要有规划,要与城市的色彩、基调相一致,做到大小适中,不能遮盖、影响城市的整体风格。这就提醒现代建筑设计师在设计之初就应该给广告留位,避免后起广告影响建筑的整体风格。建议可以增加广告的形式,把建筑物本身当作一种广告,例如,拉斯维加斯麦当劳的房子一看就知道是麦当劳,真正做到了广告与城市景观的融合。顾及城市颜值还要考虑公益广告的材质规划。户外媒体公益广告的材质就好像一个人穿什么材质的衣服,体现着人的欣赏水平、经济能力和文化素养。它应与这一区域的总体颜值和基调相协调。在内容上,户外媒体公益广告必须与城市的核心价值观相一致。如城市的核心价值观是"城市让生活更美好",户外媒体公益广告就需要让百姓感受到城市的美好,从而感受到幸福。

5.维护市民安全

选择户外媒体公益广告的放置位置和材质要时刻把居民的安全放在第一位,要避免广告放置位置不当或材质不够牢固而造成存在安全隐患。广告不能一味地秀创意、秀技术,公益广告的目的就是让老百姓安居乐业。因此,户外媒体公益广告的放置位置和材质选择要充分考量其安全性。总之,提高户外媒体公益广告的质量是关键。我们需要以立足中华、面向国际的户外媒体公益广告的创作标准,来顺应我国公益广告的发展。

6.提高作品质量

广告创作应做到:避免"同质化"、形式过于单一、到处复制同样的作品,避免缺乏新意的作品,避免内容平庸、艺术性不足的作品,避免与时代脱轨的作品,避免不顾及环境、到处乱张贴的作品等。此外,在使用现成的国家公益广告作品素材时要避免打印质量差、材质低劣、不注意后期执行的现象。

第五节　新媒体公益广告艺术

20世纪末期,新媒体的出现不断挑战并补充着传统媒体的视觉传播形式。与此同时,视觉传播由以往形态上的平面化、静态化,逐渐向动态化、综合化方向转变,媒体语汇得到了极大的丰富,如从单一媒体跨越到多媒体,从二维平面延伸到三维立体空间,从传统的印刷设计产品更多地转化为虚拟信息形象的传播,等等。广告设计是引起消费者注意、激发消费者购买欲望的动力。随着新媒体的推陈出新,互动、体验、实用已成为广告设计的重要元素。现在的广告设计不只单单追求画面色彩、图形、排版的创意和效果,更要考虑新媒体的特点、与受众的互动性和产品的功能性。新媒体的发展,给广告设计带来了质的变化。

一、新媒体公益广告的表现形式

目前公益广告涉及的新媒体广告有网络公益广告、数字杂志公益广告、数字报纸公益广告、智能手机公益广告、微博公益广告、微信公益广告、抖音公益广告等。相对于传统的四大媒体：报刊、户外、电视、广播媒体，新媒体是以数字信息技术为媒介，以互动传播为特点的新时代创新媒体，是以往大众媒体的延伸。

新媒体的"新"是相对而言的，新媒体主要体现在新技术的突飞猛进给传媒业带来的巨变上，但其传播特征丝毫没有脱离传统媒体的内容和根本规律，所以新媒体不是孤立存在的，而是融合了传统媒体而存在的。新媒体的称呼也是相对的，若干年后新的也会变旧，所以新媒体的称呼有其不准确的地方，但是对这一称呼大家都已形成默契。新媒体公益广告的设计过程有与传统媒体同样的过程：充分领会广告意图—掌握常用的软件以及设计艺术技巧—自主形象创意与绘制—背景设计—标题文字设计—风格设计—完成各要素及页面间的链接—影像及声音的输入和编辑—后期整合。

"融媒体"是近些年提出的、针对网络平台的新的概念和趋势的媒介形式，它的重点是"融"。在网络新媒体高速发展的条件下，融媒体整合电视、广播、互联网等各传统媒介的优势，并将其融会贯通，发挥出更大的信息传递功能和效应。融媒体还整合了人力、内容、宣传等方面，是实现"资源通融、内容兼融、利益共融、宣传互融"的新型媒体形式，其本质是更立体、更真实地传播和实现信息价值。例如，原本的报纸广告仅仅是文本形式的，融媒体广告作品将原本单一的文本、图片，通过互联网新媒体如公众号、微博等，制作成文字、图片、音频、视频等互融的广告形式，有的还通过 VR、AR 等技术将视觉、听觉等感官体验充分融合，实现了新的传播形式。以广播媒体广告为例,融媒体让原本单一的诉诸听觉的广播媒体广告,除了声音外,多了图、文、视频等多样化的呈现方式,优化了其传播形式。加上广播的公信力,使得广播媒体广告在新媒体环境下得到了升级。

在融媒体时代,公益广告的作品形式、传播方式迎来了重大变革,挑战与机遇并存。公益广告仍然需要通过好的创意传递正确的理念。融媒体时代的广告创新,需要理念创新、内容创新,还有一系列适应新的科技形式的创新。融媒体带来的最重要的一个变化是媒介之间的边界由清晰变得模糊。因此,各媒体原有的个性将力求适应新的形势,克服同质化是融媒体时代各媒体模式创新创意的关键。

二、多感官体验的智能公益广告

多感官体验的智能公益广告,是一种在现代数字技术、网络技术等技术支持下的广告形态。它是借助现代科技传达广告人的人文关怀和理想追求的智能公益广告,其艺术感染力强烈,给人多感官体验。

人类对外界的体验来自视觉、听觉、味觉、嗅觉、触觉以及第六感(潜意识)。如果媒介调动受众的感官感觉越多,广告信息传递的效果就越好,广告的作用也就更大。例如,人们利用计算机图形、数字影像、人机交互、传感设备、人工智能等技术,能创造出沉浸式交互环境——虚拟现实。它可以让人感受和体验如同真实的环境,其效果甚至比现实更加令人震撼。

未来的公益广告还会向人工智能领域发展。现代智能公益广告使用先进的技术,线上、线下同时展开,给人全方位的多感官体验。但它不是一味地强调技术,其重点是为公众服务,例如,微信推送的公益广告、抖音的善言善行故事等。现代公益广告的形式将会更加丰富多样。

思考与练习

1.考察中外优秀广播媒体公益广告作品,发现可学习借鉴的优秀榜样。

2.根据社会需要确定主题,自行创作广播公益广告作品。

3.考察中外优秀平面公益广告作品,发现可学习借鉴的优秀榜样。

4.根据社会需要确定主题,自行创作平面公益广告作品。

5.考察中外优秀影视公益广告作品,发现可学习借鉴的优秀榜样。

6.根据社会需要确定主题,自行创作影视公益广告作品。

7.考察中外优秀新媒体公益广告作品,发现可学习借鉴的优秀榜样。

8.根据社会需要确定主题,自行创作新媒体公益广告作品。

第五章　公益广告艺术作品
视觉形象表达创作

　　这里"视觉"一词的完整表达是视知觉。视知觉是由视觉观看引发的某种情感或行为的心理反映。视知觉主要由视觉注意力、视觉记忆、图形区辨、视觉想象四大方面构成。

　　这里所说的"视觉形象"是指公益广告艺术视觉表达中涉及的图像和影像中的人物形象、动物形象、植物形象,等等。形象是能引起人的思想感情活动的具体形态或姿态。在文学理论中是指以语言为手段而塑造的艺术形象,亦称文学形象;在视觉艺术中是指以画面为手段塑造的各种艺术形象,也是作者的美学观念在艺术作品中的创造性体现。公益广告中的视觉形象决定了作品是否能够吸引受众的视觉注意力、视觉记忆、图形区辨、视觉想象等,决定着作品的成败。尤其在平面招贴公益广告中,视觉形象一般是作品的主导,对作品的成败有决定性意义。

　　下面我们就以平媒体面公益广告中的形象为例,进行公益广告艺术视觉形象探讨。从形象的选择与创作、形象的修辞与创作、形象的创意与创作、形象的风格与创作、形象的色彩与创作、形象的文字与创作等方面探讨创作优秀公益广告作品的视觉形象策略。

第一节 公益广告艺术作品视觉形象的选择

以平面媒体公益广告创作为例,公益广告艺术作品视觉形象创作首先面临的是画面主要形象的选择与作品创作的关系。

一、公益广告艺术作品视觉形象的选择

关于广告作品形象的选取,大卫·奥格威提出了"3B"原则,即:美女(beauty)、婴儿(baby)和动物(beast)。他认为从视觉的角度来看,这三者在广告中是最容易抓住受众眼球的,是最容易赢得消费者青睐的形象。如果将上述三类再划分,就是人和动物两种形象。为什么植物景物一般不适合做广告画面的主导形象?因为它们具有作为背景的性质。而最适合作广告画面主导形象的是人。从不同角度来说,人可以再细分为男人、女人,黑种人、白种人、黄种人等形象。画面中人物形象还可以分为正面与侧面、仰视与俯视、全身与特写等形象,可以呈现非常丰富的画面形象。所以,在选择广告画面中的形象时应该知道:人物比动物更有吸引力,动物比器物更有吸引力,器物比景物更有吸引力。在人物的形象中,人物的正面形象的视觉冲击力是排在首位的,然后依次是仰视、侧面、俯视。广告表现人物全身的视觉冲击力比较弱,表现人物半身或局部(如眼睛、嘴、手)的可以产生非常强大的视觉冲击力,从而产生强烈的视觉传播效果。图5-1、图5-2、图5-3都是典型的表现人物形象的优秀案例。

公益广告是为公众切身利益服务的广告,其内容和画面自然是以人物形象为主。当然,公益广告作品中的人物形象追求艺术化,

艺术形象是创作者从审美理想的立场出发,根据现实生活的各种现象加以艺术概括而创造出来的,具有一定的思想内容和艺术感染力的具体、生动的人物形象。这种艺术形象的特点是大、典型、独特和震撼。

图 5-1　希望
(解海龙,1991)

图 5-2　文明健康　有你有我
(泉州晚报社,2018)

图 5-3　以大欺小(学生作业,2010)

二、公益广告艺术作品画面形象的视觉表现手法

视觉艺术形象一般伴随着一定的艺术表现手法,一般有绘画法、摄影法、电脑合成法等。运用这些表现手法时要注意:(1)表现手法是为了突出形象特征的,因此要选择最适合的表现手法。(2)表现手法可以运用视觉修辞如夸张、概括、幽默、借喻、超现实等。(3)有条件可考虑选择名人代言产生偶像效应。(4)系列法,用系列作品的方式强化诉求。

(一)绘画法

1.清新的插画风格

插画风格是19世纪初随着报刊的发展而兴起的艺术形式,既有传统的手绘,也有现代的电脑绘画。使用毛笔、马克笔、水粉颜料、水粉纸、水彩颜料、水彩画纸或电脑手绘板等工具,以素描淡彩、钢笔淡彩、铅笔淡彩、毛笔淡彩等表现技法来绘制广告插画,是常见的广告设计表现形式。它有清新明快、亲切喜人的特点。现代时尚的动漫风格,其手法大多是水粉画、水彩画手法的延伸,其色彩艳丽明媚,深为广大受众喜爱。

2.传统的水墨风格

传统的水墨风格是指以中国绘画为代表的表现风格,其特点是:以线造形;注意留白取得画面空灵的意境,不拘泥于焦点透视,表现物体更自由;追求想象的境界,并且以诗、书、画、印的完善和配合构成整体精微统一的审美意象,融诗、书、画、印为一体而构成有机和谐的艺术整体。

3.海报绘制风格

海报绘制风格类似于印象派绘画的风格。如19世纪的朱尔斯·谢雷克、土鲁斯·劳特雷克等早期的海报大师的作品,就以再现生活为主,其写实中带有印象派的风格。中国的宣传画广告也是

使用这一风格(当时使用的瓶装水粉色,也称作广告色、宣传色),其画风朴实,笔触感强,色彩热烈又协调,带有强烈的时代印记。

4.质朴的版画风格

绘画中的版画单纯、简洁,易于保存和复制,深得鲁迅先生的推崇。木版画也称木刻,是用刀在木板上刻画,再用纸拓印出来,是版画的最早形式。木板的材质可以是梨木、黄杨木、白桃木等。以凸线为主构成白多于黑的画面者,叫阳刻;以凹线为主构成黑多于白的画面者,叫阴刻;也有阴刻、阳刻混用者。运用多块木板套印出两种以上颜色的作品,称为套色木刻。因拓印使用的颜料性质不同,木刻分为油印木刻和水印木刻等。为了方便,教学中也可用硬纸板替代木板做出各种版画效果。中国最早的招贴广告——山东济南刘家功夫针铺的印刷广告,就是典型的版画风格的广告。

5.辛辣的漫画风格

传统漫画具有强烈的讽刺性或幽默性特点。它从生活现象中取材,通过夸张、比喻、象征、寓意等手法,描绘出幽默、诙谐的画面,借以讽刺、批评或歌颂事物。现代漫画大多采用插画形式并用电脑辅助作出许多优美的画面。漫画为群众喜闻乐见。

6.吉祥的年画风格

中国传统的年画多用木版水印,大多含有祝福新年的意义,以单纯的线条、鲜明的色彩,表现热闹、愉快的画面,如"五谷丰登""春牛图"等。宋代已有关于年画的记载,清代更为盛行。年画产地很多,各有地方特色,其中以天津杨柳青、山东潍坊、江苏苏州桃花坞、广东佛山等地的产品年画最为著名。20世纪初期,上海流行胶版印刷的"月份牌"年画,多见于商业广告。新中国成立以来的新年画在传统的基础上推陈出新,丰富多彩,深得人民群众的喜爱。

(二)摄影法

摄影广告主要用摄影的表现手法为广告画面提供形象。摄影照片同广告文字、广告艺术设计有机结合成完整的摄影广告。一般而言,广告摄影以广告摄影师拍摄的为最佳,因其具有摄影的专业语言。广告摄影不包括广告文字,广告文字是广告美术设计做出的后期合成。

摄影广告的摄影应该清晰、逼真地表现客观形象,并获得生动的艺术效果,结合广告摄影的专业性和广告摄影的艺术性传达视觉信息。广告摄影的专业性主要是指拍摄技术过硬。广告摄影的艺术性是指广告摄影吸收艺术手法,运用摄影语言,在真实、准确、可信的基础上,充分运用摄影的技术手段与艺术手法。

摄影广告可以参照超写实主义艺术风格,将作品做得更好。超写实主义又称照相写实主义,其主要特征是利用摄影作品来客观、逼真地描绘事物。超写实主义把人置于照相机的视线下,很客观地把物体的影像呈现出来,然后,画家把形象按照自身的理解移植到画布上。照相写实主义的作品利用照相机拍摄照片,可以把充满着光和运动的任务或景物凝聚在一瞬间;照相写实主义的作品常常把对象放大 5~10 倍,改变事物的正常尺寸,形成异乎寻常的美学和心理效果。

(三)电脑合成法

电脑合成法是指在电脑上将各种绘画或摄影的素材按设计目标合成,完成广告作品。电脑提高了设计的精准度、自由度和速度。电脑图像合成根据创意将创作素材输入电脑,运用图像处理软件,将素材进行剪接、添加、组合、夸张与变形、风格化、色彩加工等,可以化平淡为神奇,最大限度地实现创意。电脑图像合成把设计者从手工劳作中解放了出来,同时也使手绘变得珍稀。电脑合成法可以参考的艺术风格主要有以下两种。

1.超现实主义风格

著名画家达利是超现实主义风格的核心人物。他擅长用精湛的写实技法表现超现实时空的逼真形象,使画面的二维空间具有三维空间的多层次立体感。达利的超现实主义风格和表现技法广泛影响着招贴设计和商业广告。著名画家、招贴设计家玛格丽特等继承和发展了这一风格。超现实主义风格受达达派和弗洛伊德的精神分析学等影响，其创作结合了现实观念与梦境幻觉、本能潜意识等，常使用象征和隐喻的手法，不受逻辑和现实的制约，用非理性的联想来指导并表现原始冲动和主观意象，以达到超现实的境地。

2.后现代艺术风格

后现代艺术风格，主要是杂糅，多强调观念表达，重视解构而轻视建构，或内容模糊，或主题反叛，或怀旧唯美，或晦涩冷傲，或模糊，或荒诞，或戏谑，或嘲讽，或自虐，手法多样，怪异和唯美，肯定与破坏，总之，后现代风格是多样化的、杂糅的。

以上各种手法可以单独使用也可以结合使用，另外需要注意的是，可借助电脑等工具，但不能过度依赖，避免出现过多手法千篇一律、图文拼接粗略、不讲究构图、不讲究视觉美感的作品。严重依赖电脑等工具会扼杀构思过程中转瞬即逝的灵感，为了尽量减少广告设计中的负面效应，在使用电脑等工具时应注意以下几个方面的问题。

（1）加强对自然的学习

观察自然是设计师生活的一部分。它扩展了艺术家对形式的认识，使艺术家保持对事物的新鲜感受。

（2）加强对视觉艺术的学习

以艺术的形式和韵律的原则来组织构图，特别要注意形式感。多看看艺术经典作品，能给我们很多启发，如：毕加索的《和平的面容》就是借共用线把和平鸽、橄榄枝和人脸巧妙的设计为一体。再如飞行中的鸟，其翅膀与人的手掌之形同构，被美国杰出平面设计家格拉塞通过作品《劳动者形象》体现出来：一双被捆绑的双臂高高举起，向往自由的手与展翅欲飞的和平鸽重合。艺术家用这种艺术手法，造成视觉上强烈的冲击力，揭示了深刻的含义。这些优秀的作品告诉我们:广告设计是技术与艺术有机结合的成果,是技术与艺术共同创造的智慧结晶。

（3）倾注情感

使用电脑等工具设计面目容易雷同、机械味重、人情味少,设计者应该着力避免机械味,为作品加强人情味。电脑等工具可以替人做很多事情,但人的情感表现力是任何科学仪器都无法替代的。电脑里的资源和表现手法也是需要靠人的心智来拓展的,只有这样才能提高广告设计的品位,设计出来的作品才有生命的活力。

第二节　公益广告艺术作品视觉形象的创意

广告创意的核心就是广告艺术表现的创作。[①] 这句话说明,视觉形象的创意必须表现出来,能看得见。广告创意包含点子的产生与实现两方面。视觉形象的创意是紧紧围绕实现作品目标而进行的。

广告泰斗詹姆斯·韦伯·扬(James Webb Young)在《产生创意的方法》一书中说,广告设计创作过程的规律反映了一切创造性思维的特点。有时广告的创意是先有点子再有表现,有时是先有表现后启发出创意,有时是表现与创意几乎同时产生。

一、视觉形象创意手法

灵感和颠覆性思维都是产生创意的途径。形象的视觉修辞是产生视觉创意的具体可行方法,可以创造独特新颖的作品。下面介

[①]　苗杰.现代广告学[M].北京:中国人民大学出版社,2015.

绍几种常见的视觉形象创意手法。

1.视觉夸张

对某一局部做夸大事实的处理,但须在情理之中。(图5-4、图
5-5)

图5-4 健乐福生活事业——楼梯篇(电通国华,2015)

图5-5 健乐福生活事业——浴缸篇(电通国华,215)

2.视觉概括

可以使形体简化,加上主观的取舍,使形象更凝练。(图5-6)

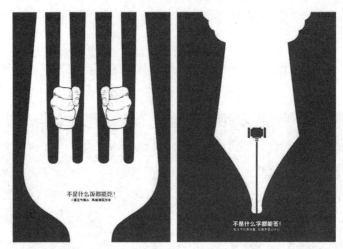

图 5-6　廉政之坐牢系列(张勇,2018)

3.形体同构

将一个物象与另一个物象的造型,融合统一在一个新的视觉形象中。这虽然是一种违反客观事实的变化,但在明暗、质地、构造等因素的表现方面,则要求呈现视觉上的合理与协调。这里同构的前提是不同物象间存在潜在的形态联系,不可进行生硬的或盲目的连接。虚构是借鉴超现实主义绘画的表现方法。(如图5-7、图5-8)

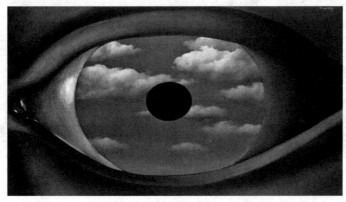

图 5-7　假镜(马格利特,1928)

海洋是人类的母亲

保护海洋 关爱生命

图 5-8　形体同构案例(张羽琦,2017)

4.图底反转

即形象的"图""底"转换关系。图与底的关系处理得巧妙,会使画面产生一种非常完整的、有趣的视觉效果。(图 5-9)

图 5-9　图底反转产生的共生图形(莱西·德文斯基)

除此之外,还有拟人、比喻、名人代言、秩序化构成、反序图形、形象借代、影子表达心声、各种实物拼贴等多种创意手法,这些需要我们在实践运用中才能真正领会其奥妙。

二、视觉形象创意要避免的问题

1.为追求创意的独特和别致而不顾广告目标,或为形式而形式,或单纯地追求技法。

2.缺乏原创,创意表现单一,元素陈旧,选用符号雷同,拼接痕迹明显。

3.策略理解走偏,技术表现力弱。

4.缺乏生活体验。

5.唯恐创意和策划不完整,画蛇添足,造成主旨模糊和形象累赘。

6.缺乏从人文精神的高度去进行创意演绎和素材提炼。

三、视觉形象创意的要求

1.原创性

创意从生活中来,反对抄袭、仿制等现象。

2.单纯性

懂得舍弃和定位,切忌面面俱到。

3.准确性

能够紧扣主题进行创意表现。

4.艺术性

画面形象的创意表现要美。

总之,好的视觉形象创意能点石成金,出奇制胜;好的视觉形象创意让人感到在情理之中,又在意料之外;好的视觉形象创意超出常人的想象,但细思又蕴含道理;好的视觉形象创意视点独到,立意巧妙,既说明问题又寓意深刻。只有综合运用正常思维和非常规思维,才能产生好的视觉形象创意。

第三节 公益广告艺术作品视觉形象的色彩

色彩心理学认为,色彩比形象更先刺激人的眼球。在广告视觉形象表现上,色彩也始终有着神奇的魅力。自17世纪牛顿发现了色彩与光的关系之后,色彩学的研究成果相继诞生,有光色原理、色相环、色立体等。美术界印象派画家和包豪斯学院的老师们在实践中发现了色彩的美和表现原理。科学家的研究与艺术家的实践共同为色彩的研究做出了巨大贡献。任何视觉艺术都需要学习色彩、了解色彩,才能运用色彩塑造形象、渲染气氛、表达感情,才能将色彩的效应最充分地发挥出来。

一、色彩对视觉的作用

(一)红色的视觉作用

在可见光谱中,红色光的波长最长,穿透力强,辐射距离最远,在视网膜上的成像位置最深,给人以迫近感和扩张感;红色容易引起视觉注意,使人兴奋,感觉温暖;红色的注目性高,是广告中最有力的宣传色;许多民族都把红色作为吉祥之色。中国人习惯于将红色作为欢乐、喜庆、胜利时的装饰用色。

在自然界中,红色的花朵、果实给人艳丽、充实、饱满的印象;鲜红色表示生命、热情;粉红色娇艳、柔媚;红橙色浓而不透明,具有纯厚、温暖等感觉。红色的作用是刺激的、旺盛的、能动的,具有强度和弹力的。

配色时,在红色中加入少量的黄,会使其亮度更强盛;在红色中加入少量的蓝,会使其热性减弱,趋于文雅和柔和;在红色中加入少量的黑,会使其性格变得沉稳,趋于厚重和朴实;在红色中加入少量的白,会使其性格变得温柔,趋于含蓄、羞涩和娇嫩。大面积的红色是容易造成视觉疲劳,使人烦躁不安等。

(二) 黄色的视觉作用

在可见光谱中,黄色光的波长长短适中。与红色相比,黄色更容易让眼睛接受。黄色让人感觉光明、辉煌、灿烂和充满希望,黄色的功效是醒目。阳光和大量的人造光都倾向于黄色.

在中华民族的发展历程中,有一段历史时期,黄色是帝王之色,这赋予黄色崇高、智慧、神秘、威严和神圣之感。黄色也与宗教关系密切,暗示光和信仰。自然界中,许多花就是明亮的黄色,如水仙、郁金香、秋菊、杜鹃、向日葵等,给人娇嫩、芳香的色感。

在黄色中加入少量的蓝,会使其转化为鲜嫩的绿色,趋于平和、潮润;在黄色中加入少量的红,具有明显的橙色感觉,趋于热情、温暖;在黄色中加入少量的黑,其色感变化成为橄榄绿,趋于和平、神圣;在黄色中加入少量的白,使其转化为奶白色,趋于柔和、亮丽。鲜黄的柠檬给人强烈的酸的印象,但是黄土地、土豆的黄色给人朴实、浑厚、不娇饰、不做作的印象。

(三) 橙色的视觉作用

在可见光谱中,橙色光的波长居于红色光与黄色光之间,其色性也在两者之间,让人感觉既温暖又光明。一般火温较高、传热较强时,火焰不是红色而是橙色,所以,橙色较红色更暖,橙色是最暖的色彩。橙色在空气中的穿透力仅次于红色,注目性也相当高,具有明快的特色,常被用作讯号色、标志色和宣传色。在自然界中,橙色或近似橙色的果实很多,如橙子、桔子、柚子、南瓜、木瓜、柿子等。

橙色能让人引起食欲,感觉香、甜并略带酸味,给人充足、饱满、成熟、富有营养的印象。橙色中黄的成分较多,其色感趋于甜美、亮丽、芳香。

(四)绿色的视觉作用

在可见光谱中,绿色光的波长居中。人的眼睛最适应绿色光的刺激,对绿光的反应最平静。绿色是最能使视觉得到休息的色。

在自然界中,绿色是植物的颜色,也是生命的颜色,是农业、林业、畜牧业的象征色。绿色象征生命,蕴涵诞生、发育、成长、衰老到死亡的生命过程。生命的不同阶段显现出不同的绿色:如黄绿、嫩绿、淡绿、草绿有春天的印象,给人以大自然活跃的青春感;艳绿、中绿、浓绿有盛夏的印象,表现成熟、健康、兴旺;灰绿、土绿、褐绿色意味着秋季,寓意收获;灰蓝绿、灰土绿、灰白绿、灰褐绿有冬季的印象,寓意衰老和终结。植物的绿,不但给视觉以休息,还给人以清新感,有益于镇定、疗养、休息与健康,因此,绿色成为旅游与疗养事业的象征色。绿色可以表现丰收、满足、静寂、希望。黄绿接近橙色时更显生机勃勃。绿色中黄的成分较多时,其色感就趋于活泼、友善;在绿色中加入少量的黑,趋于庄重、老练、成熟;在绿色中加入少量的白,其趋于洁净、清爽、鲜嫩。

(五)蓝色的视觉作用

在可见光谱中,蓝色光的波长短于绿色光,比紫色光略长。蓝色在视网膜上成像的位置浅,蓝色是后退的、远逝的色。蓝色容易使人想到晴空、碧海、远山、冰雪,有深远、透明、冷漠、流动、阴冷的印象。红色与积极的、动的和热烈的气氛相关,蓝色则是消极的、静的,是内省的、含蓄的,暗示智力。蓝色适于表现沉静、阴郁的冬天和背阴的地方。

古代人认为蓝色的宇宙、深海是神与水怪的住所,很神秘,现代人把蓝色作为科学技术的代表色。它容易给人以冷静、沉思、智慧和征服自然的力量感。蓝色的收敛性强,表面涂蓝色的物体的面积或体积看起来比实际小。蓝色的服装,有稳定感、庄重感。深蓝色带有近乎黑色的表现。在食品业中,蓝色可作食欲色的陪衬色,表示寒冷,是冷冻食品的标志色。

(六)紫色的视觉作用

在可见光谱中,紫色的光波长最短。人的眼睛对紫色光的分辨力最弱,对紫色的知觉度最低。即使是纯度最高的紫色,其明度也很低。紫中加白成明色时,会有许多等级并表现各种各样的感情。紫是黄的补充色,其象征意义和黄色正好相反。如果说黄色与意识相关,那么紫色象征着无意识。紫色较为稀少,因此紫色给人神秘的印象,其色感有高贵、优雅、神秘、华丽等。紫是表示虔诚的色。其暗色阴郁,暗示迷信或潜伏灾难,容易造成心理上的忧郁、痛苦和不安。明亮的紫色,表示理解、优雅,具有魅力。紫色的表现范围广,如孤独或献身的蓝紫、暗示神圣的爱、精神支柱的红紫,其明色表示光明面、积极性,暗色象征黑暗面、消极性。

在紫色中红的成分较多时,其色感具有压抑感、威胁感;在紫色中加入少量的黑,其感觉就趋于沉闷、伤感、恐怖;在紫色中加入白,可使紫色沉闷的性格消失,变得优雅、娇气,并充满女性的魅力。

(七)白色的视觉作用

白色光由全部可见光均匀混合而成,也称全色光。白色让人感觉明亮、干净、卫生、朴素、雅洁,易与其他色形成配合。白色是冰雪的色,给人以寒凉、轻盈、单薄的印象。

在白色中混入少量的红,就成为淡淡的粉色,鲜嫩而充满诱惑;在白色中混入少量的黄,则成为乳黄色,给人香腻的印象;在白色中混入少量的蓝,给人感觉清冷、洁净;在白色中混入少量的绿,给人稚嫩、柔和的感觉;在白色中混入少量的紫,可诱导人联想到淡淡的芳香。

(八)黑色的视觉作用

从理论上讲,黑色即无光、无色,但在配色中少不了黑色。黑夜使人想到休息、安静、深思。黑色有坚持、准备、严肃、庄重、坚毅之感。漆黑的地方,会有失去方向、失去办法和阴森、恐怖、忧伤、消极、沉睡、悲痛甚至死亡等印象。黑色还会有捉摸不定、耐脏、阴谋等印象。另外,黑色不可能引起食欲,也不可能产生明快、清新、卫生的印象。但是,黑色与其他色彩组合时,属于极好的衬托色,可以充分显示其他色的光感与色感。

(九)灰色的视觉作用

从光学上看,灰色居于白与黑之间,颜料上它是黑色与白色的混合,属于中等明度。灰色同时是一种大众易接受的色,因为它和谐、大方、典雅、不张扬,又能很好地与其他色配合,故而是生活中的常用色。漂亮的灰色如带红色的灰、按不同比例混合的各种互补色所得的灰色,有时给人以高雅、精致、含蓄、耐人寻味的印象。视觉和心理对灰色的反应平静,没有兴奋度,甚至有沉闷、寂寞、颓丧感。

二、色彩配合的视觉美感

(一)使用色相环与色立体工具配色

1666 年,牛顿发现太阳光经过三棱镜折射后投射到白色屏幕上,会出现彩虹一样的色光带,从红开始,依次是橙、黄、绿、青、蓝、紫,此即牛顿色相环,表示色相的序列及色相间的相互关系。后来的色彩研究者们发展出 10 色相环、12 色相环、24 色相环、100 色相环等。其中,24 色相环最为常用。

色相环是色立体的一个组成部分。色立体,是在色相环的基础上,借助三维空间的模式来表示色相、明度、纯度关系的表色方法,即把色彩的色相、明度和纯度,系统排列组合成立体形状的色彩结构。

色立体,相当于"配色词典",可提供近乎完整的色彩体系,帮助作者丰富色彩选择和配色方案。在色立体中,各色彩按照一定的顺序排列,有利于寻找出色彩的组合规律。在色立体色相、明度、纯度的严密组织体系中,我们可以直观地找出色彩分类、对比、调和等规律。色立体便于设计和印刷的标准化。我们只要知道名称、标号,就可以迅速、正确地找到色彩。

(二) 色彩的对比与调和

色彩调和是形式美的基本规律,它是指色彩的各个方面的配合和协调。色彩对比度是指色彩上的调和也包含多样化中的统一,美就存在于多样的对比统一之中。

色彩的对比与调和,是色彩配合的形式美原则,在色相环上找相对应的互补色相配合,色彩感就异常鲜明、强烈、刺激、饱满、充实、活跃。但掌握不好,也会产生不安定感,欠协调感,过分刺激还会有粗俗感和生硬感。这时可以加入黑、白、灰等协调色,以减小视觉冲突,也可以调整面积比例来使画面和谐。色彩配合以协调为基本原则。

1.视觉心理角度的色彩调和

视觉心理角度的色彩调和是指能引起观者审美心理共鸣的色彩调和,如性别、年龄因素,心理变化(如欢乐、喜悦、悲哀)因素,所处的社会条件(如政治、经济、文化、科学、艺术、教育)因素,自然环境(中外、东方、西方、国内、南方、北方)因素,风俗习惯因素,等等。设计配色,必须与人的视觉心理满足基本一致,必须研究和熟悉不同对象的色彩喜好、心理、特点来进行色彩设计,做到有的放矢。

2.色彩形式与内容的统一调和

形式与内容的统一,是作品成功的基本条件。色彩象征因素影响人的精神思想与感情,只有色彩与表现的内容和情感统一,才能充分展示色彩的魅力。而与内容、感情相冲突的色彩,只可能是不调和的色彩。色彩与内容的表现统一调和,是要色彩与它们所想表现的内容及抒发的感情的统一。

(三) 视觉色彩对公益广告艺术作品的作用

公益广告艺术作品的画面一般较为简洁,但又不失丰富。视觉色彩对它的作用如下。

1.使画面有整体的色调

任何作品都有整体的基调,有了整体的基调,画面就更能产生打动人和感染人的视觉魅力。因而,配色要先定好色彩的主色调,明确其他一切色彩的设置都将为主色调服务。

2.使画面的主要视觉形象突出

主要视觉形象的色彩一定要丰富、亮丽、耐看、精美。

3.用色彩为画面创造明显的风格

向大自然学习色彩,向经典学习色彩。学习用色彩呈现整个画面的民族风格、地域风格,或某一画种风格、画派风格等。

4.用色彩为画面创造舒适的视觉

背景色要尽量简洁,一般冷色为底,暖色为图,产生冷暖对比,视觉才能舒适。注意留白,使画面透气。实践是最好的老师,要多多实践才能掌握色彩的视觉语言美。

图 5-10、图 5-11、图 5-12、图 5-13 是学生的实践练习作业。

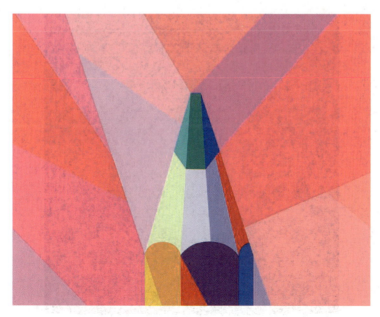

图 5-10　色彩练习(佚名)

图 5-11　色彩练习(许黎明,1996)　　　图 5-12　色彩练习(谢文萍,2018)

图 5-13　色彩练习(学生作业,1990)

第四节　公益广告艺术作品视觉形象的文字

文字原本是写出来给人"看"的,但在平面媒体广告和影视媒体广告中,广告语和广告文案不仅可以传递内容信息,还能体现文字形象的可视性。也就是说,文字不仅传达内容也传达形象的美感,如"美术字"。

一、广告文字的形象美感

中国的方块汉字,完美地体现了文字的字、形、意三者的结合,在世界文字中独树一帜。

(一) 汉字的形式美

文字是人们记录口头语言、交流情感的符号,而汉字兼有语言表达和图画表达的双重审美作用。它既是文字,又是美丽动人的图画。汉字具有独特的形象性和美感特征,以其丰富的变化让人赏心悦目。汉字的形象集中体现在丰富的形式美感上如象形的美、构图的美、夸张的美、意境的美、个性的美、风格的美等。汉字既反映客观真实,又巧妙地刻画事物的特征。如"日""月""山""川"等象形文字几乎就是现实画面,形象逼真,但又高度概括。

汉字的结构也符合形式美的规律,以"美"字为例。从外形上看,"美"字具备黄金分割的比例之美;从结构上看,"美"字上紧下松疏密有致;从线条上看,"美"字有直有曲,刚柔相济;从形式上看,"美"字以线为主,点线相宜,中心轴两侧左右对称,具有典型的视觉形式美的特征。汉字组合构成的方块字,点线结合、疏密有致、重心稳定、比例协调,是变化统一规律的范例。汉字的布局章法与现代的抽象绘画有许多异曲同工之处。汉字的外形是方块,但不完全受方块的束缚,组合自如,还可形成近似的菱形、正三角形、倒三角形、梯形、圆形等几何图形。汉字字体有的严谨工整,有的柔美精细,有的轻松活泼,各种字体具有不同的形式美感。具体设计时,不论使用哪种字体,都应遵循形式与内容的统一原则,形式上的感觉要与内容的感觉协调统一,使人感觉鲜明、清晰,达到和谐、强烈的效果。一般来说,正方形字形让人感觉端庄、稳重,长方形字形使人感觉娇柔秀美,;扁方形字形显得端正、平稳,倾斜的字形使人产生向前冲击、流动和不稳定感等。不同形态的文字形象,在人们头脑中起着不同的联想作用。字体、字形,文字的大小、粗细、长短、宽窄等,要根据内容的需要和面积大小来确定。

除了形式美,汉字还有意境美。汉字的基本笔画为横、竖、撇、捺、挑、勾、点、折。"永字八法"就是对这八种笔画的总结。汉字书法为中华一绝。它能传达人的思想情感和意境。

(二)不同字体的风格与应用

早年的广告设计多用手写美术字,现在则可以在电脑中直接选取字体。常用的字体有宋体、仿宋体、华文中宋、黑体、综艺体、华文细黑、楷体、华文行楷、方正舒体、华文新魏、隶书、幼圆等。不同字体呈现出不同的形象风格,但手写美术字还是最有个性和最珍贵的。

1.宋体的特点

字体风格工整、典雅、严肃、大方。横细竖粗,横平竖直,棱角分明,结构紧密,锋芒略显,有"点如瓜子撇如刀,横轻竖重捺如扫"之说。宋体字是应用最广的字体,我们多用它来设计大段的正文说明文字。华文中宋与传统老宋类似,字形略老辣,笔画饱满一些,用加粗且选择大字号可作标题,向人们传达出一种传统、悠久历史、经典等意境。"新报宋"字体完全针对现有的电脑字库要求定做,输出小字更加清晰隽永,整体版面更加均匀;输出大字也光滑圆润,既体现汉字个性,又注重整体结构的统一的美。

2.仿宋体的特点

仿宋体根据宋代版本字体选择加工、镌刻而成,与宋体比较,更清秀挺拔。仿宋体横斜竖直,起笔收笔都有笔顿,美观大方,近似手写,动感较强。它因太清秀,不适合作标题用。在文字编排设计上,它常被用作优美的短文、诗歌的基本字体。

3.黑体的特点

黑体也称"广告体",笔画方正,粗细一样,方黑一块,笔画等粗,横平竖直,方头方尾。横笔和竖笔成垂直结构,十分稳重,笔画变化很少,所以称黑体字。黑体字阳刚之气十足,常被喻为"像勇士,屹立如山"。黑体字很醒目,视觉冲击力强,易引起注意,现代感又强,所以现代平面设计中常用作大标题。但黑体字不能作大段正文用,会使整个版面有压抑感。特别地,华文细黑字体笔画变粗为细,没有沉闷压抑之感,有整齐、端正之感,可以在正文使用。

4.综艺体的特点

综艺体是在黑体字的基础上变化的字体,笔画的转角处突出优美的圆弧形转折修饰,字体结构布满正方形空间。综艺体既保存黑体的阳刚之气,又不致太过刻板沉闷。其静中有动、刚中有柔,是具有丰富表现力和现代感的字体,只用作标题。

5.楷体的特点

楷书又称真书或正书,其从产生到现在已有1000多年。楷体的字体运笔有明显的顿挫起止,富有鲜明的毛笔书写的特点和独特风格,是模仿手写书体而编制的中文印刷字体,比黑体和宋体多了几分温柔。

6.华文行楷的特点

"真书如立,行书如走",道出了行书的特点。行书是介于楷书与草书之间的过渡形体,行书的笔画可以连结运行,写起来有如人行走一样,连续不停,迅速而敏捷。行书又分"行楷"与"行草",形态接近楷书的行书叫"行楷",形态接近草书的行书则叫"行草"。华文行楷是电脑字体中最富于动感的,苗条、清秀、游丝牵连、血脉流畅、意气流动、舒展大方,在广告中不宜在大段文字中使用,适宜文字少、用作标题等。

7.方正舒体的特点

舒体的创设者是著名书法家舒同,但电脑上的舒体作者为孙志浩,是山东省著名书法家,习写舒体字几十年。电脑舒体是国内第一款直接从书法移植到电脑字库的字体,完整地体现了舒体的风貌,用藏锋之功,运圆浑之笔,藏巧于拙,宽博端庄,作品需要手写字体的时候可以使用。

8.华文新魏的特点

华文新魏字体是根据我国北朝流行的书体魏碑设计的。魏碑书体方峻、遒劲、朴拙,风格多样,盛行于魏晋南北朝时期,多以此书体刻石,故叫魏碑。电脑上的华文新魏字体既有魏书的古朴,又有现代办公所需的简洁明了,书写端正平稳,是很有风格的标题用字。

9.隶书的特点

在书体发展史上,隶书是对篆书的革新,比篆书容易辨认。由于隶书的撇捺两个笔画向左右分开,如"八"字,故又称"八分"书体。隶书的各种笔画,起笔时笔法都是"藏锋逆入",起笔时把笔锋裹藏着,欲右先左,欲下先上,收笔时则轻而上翘,形成突出的笔画特征:字形方扁,横划一波三折,蚕头雁尾。使用隶书字体,画面显得古朴高雅,整个版面呈现中华民族特色。它应用到传统商品包装上,让人感觉名贵或古香古色。

10.幼圆体的特点

幼圆体字形呈方圆形,笔画粗细匀称,所有笔画的转折皆成弧状,是一种装饰性很强的印刷美术字体。幼圆体带有几分童趣,常用于针对儿童的或娱乐性较强的印刷设计上。但要表现历史悠久或含义深厚的设计,幼圆字体则不适宜。

广告设计选用汉字时要注意:(1)字体与主题相符,标题尽量要用易于辨认的黑体、综艺体等,要求易读、醒目、美观。(2)画面上文字布局要合理,字体长宽要适度,文字形体和色彩都应与画面协调,以增强画面的整体效果。(3)一幅作品不宜采用过多的字体,一般限制在三种以内为好,否则会影响整体的和谐。(4)在文字与图案的结合上,无论是表现技巧还是艺术风格都应统一,使整体和谐一致。(5)文字必须准确无误,避免出现差错。

(三)美术字的变化

美术字体的变化起到美化的作用,可以加工美化出丰富的字体形象,以表情达意,抒发感情。美术字字体的变化主要以黑体和宋体为基础,运用丰富的想象,灵活地在笔画、字形和结构上进行装饰、加工、变化。

1.字体的变化规律

字体的变化形式主要有五种规律灵活运用。

(1)字形变化

对字体外形的美化。汉字形状基本是方形,可变方为圆,如三角形、圆形、曲线形以及透视形等,进行夸张,给人以强烈和清晰的美感刺激。

(2)结构变化

在不失其特征和均衡的基础上,通过倾斜、重叠、夸张变形创造出新的字形。有意识地把字的结构或部分笔画加以伸长、缩短;或者适当移动部分笔画的位置,或把字与字的个别笔画连接起来,可以创造出富有浪漫色彩的文字形象,产生活泼、明快、别致等情调和联想。

(3)背景装饰

在字体的周围或背底装饰以不同的点、线、色块或图案,使字体更醒目、更集中、更美观、更突出、更具有艺术魅力和强烈印象。

(4)本体装饰

装饰美化美术字的字体本身,可根据商品主题的需要,装饰和变化点、线、色彩和图案,使文字别开生面,更具有吸引力。

(5)形象组合装饰

根据汉字本身的含义进行装饰,使文字与形象结合,或者使文字与图像合一。具体方法是,在美术字上添加形象,产生特有的装饰艺术意趣,而引人入胜。

在字体加工变化过程中,要注意几个事项:①要尽量发挥多样性和独特性。②不可单纯追求形式趣味,而要从实际需要出发进行艺术加工、变化,使之生动、突出地表达文字的精神含义,以增强宣传效果。③变化不宜复杂,力求易于辨认,防止过分夸张或歪曲字的原形,产生令人费解的字体或把字写得奇形怪状,装饰得让人眼花缭乱。无论使用哪种字体或采用哪种处理手法,都不能脱离内容,各种不同字体应充分发挥示意主题和自我介绍的作用。字体不管怎样变化,都应醒目、清晰、一目了然、整齐、美观、统一、协调、赏心悦目。

2.平面公益广告的字体运用

平面公益广告在字体运用上有如下特点。

(1)文字的位置安排

广告的标题也称广告语,是广告作品中在最显著位置以特别字体或特别突出的语句表现的,一般放在广告的最上方,是广告文字语言的最重要部分。

(2)文字的字体运用

标题字体的变化不要太多,标题字体最好选表现力强的粗体字(一般为黑体)作为主要字体,构成一个版面的"主旋律"。在此种字体的基础上,可以进行适当的字形变化和美术装饰,再穿插使用少量其他的字体。

(3)文字字体的搭配

仿宋体与黑体不能搭配,不和谐;扁体字与长体字搭配也不太美观。标题的主题和辅题的字号大小要适当,一般原则是,引题可以比主题小 1~2 个字号,副题可以比主题小 2~3 个字号。标题字号不能小于版心字号。在标题排列上,我们应以横题为主,让横题反复出现,以增强版面的条理性和节奏感;应少用竖题,否则版面会显得秩序凌乱。大的竖题一般放在版面的两侧,不宜放在版面的中部。正文则承接了标题,对广告信息进行展开说明,是对诉求对象进行深度说服的语言或文字内容。

(4)符合标题文字的搭配

在由引题、主题、副题等组成的复合型多行标题中,最好将墨迹浓的字体和墨迹淡的字体搭配使用,一般不要使用同一种字体来制作多行标题。如厦门街头有一则"讲文明,树新风"公益广告,广告主标题用大黑体:"给自己一个干净的微笑……",副标题用宋体,比主标题小 3 个字号:"面容整洁,衣着得体,仪态大方……"这样以副标题补充说明主题,同时形式上好看又易读。要特别注意,平面公益广告的广告语一定要与画面相配合,最好能与画面相辅相成,浑然一体。

(5)文字的音、形、意的完美结合

字形要好看、搭配协调、书写方便,组合出来也会美观、醒目、充满活力,字意要多用吉祥如意的字词,如兴旺发达、身体健康、传递理想、长久祝福,这样一些表示吉祥寓意的字眼;还可以引经据典,从古代浩瀚的经典中或者现代浩瀚的经典中寻找好的字词,这样可以给人一种文化传承的感觉;还要学习广告法,不违反广告法对用词用句的规定等。

公益广告艺术是开放的综合艺术。它汲取了多种艺术形式的营养来丰富自身的表现力。在所综合的多种艺术成分中,文学语言和美术语言是它最主要的两大支柱。它们图文并茂,互为作用,共同成就了公益广告艺术。但公益广告艺术应用文学语言和美术语言不是简单挪用,而是能动地遵循广告艺术的规律。如在平面广告中出现的文字是视觉的,要遵循"看的艺术"的表现规律;在广播公益广告中的语言艺术是听觉的，要遵循"说"的表现规律；在影视广告中，文字可用来看又可用来说，是配合说明画面的，是精炼的画龙点睛之笔。

二、广告文字的语言特性

文字在广告艺术中始终扮演着重要角色，是最便捷、最快捷、最方便的表达工具，可以独立使用，也可以和画面配合使用。它直观，不受时间、地点和工具的限制，它的描述可深入、可宽广，还可以揭示心灵世界。较图画而言，它还有准确传达信息的优势。对于画面，可能不同的人会有不同的理解和解释，但文字能传达出比较确定的信息，有一种"板上钉钉"的确切感。这就是图像语义表达信息的相对模糊性，文字语义表达信息的相对准确性，但这里并没有优劣，只是各有其好，各有其优。

广告艺术中文字语言的应用分类，是对文字在各媒体中的应用特性的汇总。如：在广播媒体广告中，文字的运用是在文案和脚本的写作；在平面媒体广告中，文字的运用是在广告语和广告内文的呈现；在影视媒体广告中，文字的运用是广告语、文案和脚本的写作；在广告艺术中，广播广告几乎全部应用了文字语言艺术，在以形象为主的平面媒体广告和影视媒体广告中文字语言艺术起到了画龙点睛的作用，如图 5-14 所示。

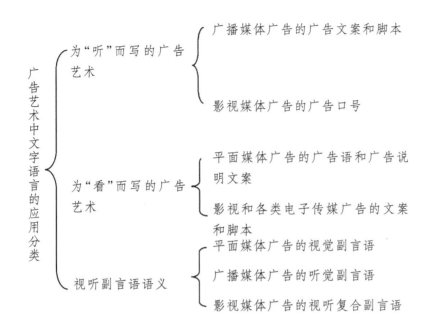

图 5-14　广告艺术中文字语言的应用分类

　　图 5-14 所列的文字语言的副言语,是指语音、语调、语气、语速、停顿、感叹等辅助语言,其在言语表达时起着协助语言的准确表达和增强情感的作用,不可忽视。

思考与练习

1.考察公益广告中的视觉形象的艺术性表现特点。

2.如何更好地发挥视觉艺术语言对公益广告的作用?

3.如何进行公益广告画面主体形象的选择,为什么?

4.请选择优秀平面公益广告作品若干,分析其形象创意手法的运用。

5.请选择优秀平面公益广告作品若干,分析其整体风格与作品主题的关系。

6.请选择优秀平面公益广告作品若干,分析其色彩配置与作品主题的关系。

7.请选择优秀平面公益广告作品若干,分析其字体运用与作品主题的关系。

8.请选择优秀平面公益广告作品若干,分析其画面元素安排的形式美。

9.试创作平面公益广告若干,请尝试不同主题和不同风格。

第六章　公益广告艺术作品的审美感觉

公益广告艺术作品传播着真善美的主题内容,必须要有美的表现形式与之相伴随,才能产生优秀的作品。没有好的内容或没有好的表现形式,都无法产生好的作品。好的表现形式是帮助好的内容实现信息传递目的的重要方式。这一章要谈的就是公益广告艺术作品如何在形式表现中创造美的感觉。

我们在公益广告艺术作品中创造的美的感觉是让受众通过视觉,确切地说是视知觉来感知的,即从眼球接收到视觉刺激后,传导到大脑接收和辨识,再形成视觉心理认知和感觉的过程。这对于公益广告设计者来说就要懂得视觉艺术语言中的美感创造。这一美感创造就是通过线条、形状、明暗、色彩、质感、空间等基本元素,以及它们的组合布局的对比、节奏、平衡、统一等形式美感原则来实现的。

公益广告艺术作品设计者要在作品中进行美的创造,观看公益广告作品的接收者要提高视觉审美感知能力。这审美感知能力就是视觉素养或者视觉审美素养的能力。在信息传播快速发展的时代,视觉素养已经成为一种大众的视觉文化传播需求和审美需求。在读图时代,视觉素养培养已经成为国民素养教育的基本内容之一。它使人与生俱来具备的"看的能力",发展为"看得懂""看得好"的能力。

审美感觉是指审美主体(人)对审美客体(物,这里指公益广告艺术作品)的审美感知,审美客体也被称为审美对象。审美客体与审美主体构成了一定的审美关系,相互依存,产生审美感觉。审美感觉是审美对象外在的、表面的、局部的审美特性对审美主体(人)的大脑产生刺激,形成的主观审美心理感受。审美感觉是人所特有的生理、心理的需要和独具的能力。这种能力具有遗传性,但主要是在后天的审美实践中形成和发展起来的。

作为审美客体的公益广告艺术作品,主要通过视觉画面的形象、线条、光影、色彩、声音及其组合变化形成信息,传递给审美主体,引起其心理反应,从而形成愉悦或不愉悦感、美或不美感。也就是说,我们所展示的形象可能美也可能不美。那如何让作为审美客体的公益广告艺术作品带给人审美愉悦感呢? 这就是我们必须要了解的视觉画面的美感成因。创作者有意创造这样的美感,从而使观者产生审美感觉。

形式美决定了视觉画面的美感成因,公益广告视觉画面形式美就是将视觉形象用线条、色调、肌理、构图等视觉语言创造出可感知的审美境界,按照对称、平衡、比例、韵律、节奏、连续、渐变、对称、协调、秩序等审美原则构成画面,达到秩序的美、对比的美等统一而有变化的富有视觉美感的画面。

对于美,每个人的认识和感知是不同的,有人会误把矫揉造作当成美。其实作品如人品,也是以健康的形象为美。如在中国画用笔中,老师常告诉我们画有三病,皆系用笔。所谓三者,一曰板,二曰刻,三曰结。板,即为平板,不灵动;刻,即为刻板,缺少变化;结,即为凝滞,不流畅。所谓"病"就是与健康相反的状态。作品中的软、脏、灰、散、腻、糊、浮、板、焦等都是病,不予提倡。作品提倡的是健康的生命力量。

世间万物的美感成因是相通的,无论人或物,没有生命就没有美,所以生命力的勃勃向上是美感的根本来源。公益广告画面是以视觉形象、线条、光影、色彩、声音及其组合来创造这种美的感觉。本章归纳了"力量感""秩序感""空间感""单纯感""整体感"五大美感,供创作者制作时参考。

第一节 公益广告艺术作品视觉力量感的美

中国画中称优秀的艺术形象为"力象",中国文艺理论"六法"里的第一条就是"气韵生动",气韵就是鼓动万物的生命力。中国画对线的要求:"入画三分""如锥画沙""绵里藏针""贯气顺畅"等都是对形象造型的"力"的具体描述。还有表演艺术的动作,播音艺术的声音等都追求力度;中国传统建筑的飞檐、京剧的造型等也无一不是力象的体现。故此,力量感是任何艺术形式都追求的美感要素,是形象的生命力所在,是形态的本质。力量感在造型中的具体表现包含向上感、扩张感、稳定感。

(一)视觉的向上感

有生命力的物体总是向上、奋发、积极地克服各种困难向高处伸展。向上生长是生命力的本质力量。树木克服引力拔地而起的形态、哥特式建筑向上运动的形状,都使我们感受到力量的向上感。形态要生机勃勃,就要有向上感。

(二)视觉的扩张感

向上性表现为一种"力"的形象感,而扩张性让我们感受到一种"量"的存在感。扩张性是形体对外力的反抗和扩张,给人一种争取能量、争取空间的力量感。量包括物理的量和心理的量。物理的量就是大小、多少、轻重,心理的量既不是对物理的量的估测也不是对物理的量的心理描述,而是形态因结构正确给人一种结构严密、结结实实、不松散和浑然一体的感觉。力度带来的扩张感、速度感、运动感等也同样带给人力量感。在公益广告艺术作品或是商业广告作品中，主体形象往往占据较大的画面比例，并由物理量感和心理量感共同构成画面，给人以视觉冲击力。

(三) 视觉的稳定感

稳定感也是一种力量感的心理体现，如对称图形、平衡图形等。即使是运动感的表现，也要求重心的平衡等力量的美感。

稳定，是自然界万物的生长规律，也是人在生存和日常视觉心理上的一种需求，"稳"是"进"的基础，所以在视觉作品的图形表达和构图上也是首先要求稳定，进而再求变化。但无论怎样变化，作品中的形象要能给人稳稳立住的感觉。

第二节　公益广告艺术作品视觉秩序感的美

格式塔心理学实验表明：当一种简单规则的图形呈现在人们面前时，容易使人们感到极为舒适平静；当让一群被试者画出自己认为最美、最愉快的图形或线条时，他们画的都是那种最简洁规则的线，让他们加以改变，他们则会把这些线加以连续和重复。相反，让他们画认为最丑的线，他们都画成乱糟糟、毫无组织、缺乏连续性的线。

从生活中我们发现，相对于无序，人类更喜欢制造有秩序的美，一种规则的美。凡是有秩序有规律的排列，就会产生秩序的美，如葵花籽的排列、树的年轮、动物的皮毛、开放的花朵、螺贝的组织关系，仿佛按照特定的规则秩序各就各位，无一不充满了秩序的美，令人们喜爱。现代设计理论从生活中发现并提炼出了设计的方法，如重复、渐变、发射、群化、特异、对比、统一等，都是整理形态使之产生美的方法。在把形象或线条的秩序做到极致时,往往会产生完美或震撼心灵的艺术。不能绝对地说秩序就等于美,但可以说秩序是产生美的必要条件。需要秩序是人的天性,在毫无头绪的环境中生活,人会痛苦不安。人需要条理而生存,形也需要条理产生美感。

第三节　公益广告艺术作品视觉空间感的美

这里的空间感是指在艺术画面中,通过有意识地创造,在平面二维空间的画面中获得视觉上的三维进深感效果。画面的空间感创造,一方面可以给人真实的感受,也可以给人透气、舒畅、宏伟的美感。画面的空间美感是不可或缺的。

画面的空间感有多种创造方法,主要有以下几种。

(一)透视感的运用

利用近大远小、面积大小,在画面上表现出纵深的空间感。

(二)疏密感的运用

利用近实远虚创造空间感觉,细小的形象或线条的疏密变化可以产生空间感。

(三)层叠关系的运用

画面中离观众最近的形象与后面的形象,要互相有适当的遮挡才能更好地表现空间感。在平面设计上一个形状叠在另一个形状之上会有前有后,有上有下的感觉,产生空间感,画面更有层次。但遮挡的地方要有所讲究,要不失各自的特征。

(四)色彩的设计

色彩的设计也是创造和增强空间感的手段。观察现实生活我们可以发现:视觉远处的山水一般偏冷色,视觉近处的会偏暖色。视觉远处的冷色是天空的蓝色和空气的散射光引起的。所以,了解冷色远离感、暖色前近感的原理，可以充分利用色彩的冷暖变化创造空间美感。

第四节　公益广告艺术作品视觉单纯感的美

单纯，与纯净、纯洁、纯正、纯真、淳朴、纯粹等美好的词语意义相近。单纯感的美，无论是在中华传统文化中还是在西方现代设计中，都是一种艺术追求的至高境界。公益广告艺术作品的画面是借鉴绘画和设计艺术的表现，同时，由于自身的宣传需要，更是强调画面的单纯性。单纯是协调天真的自然状态，是朴素的天性。在世间万象繁杂中寻求单纯是一种智慧，是一种超越。单纯感具有永恒的魅力。

中国画以意象化概括赋予线条、色彩超越感官感受的单纯，使画面形象鲜明、含义丰富、意味隽永，使物象有了拟人和拟物的特点，极具艺术感染力。在现代设计中，单纯的定义是：简洁明快而不单调。单纯不等于简单，而是形象简洁，寓意丰富。无论是写实绘画还是图形设计或写文章，都妙在以极少的要素表达最多的信息。

在画面视觉形象要素的组织上，单纯感的特点是：(1)形象要素的单一和少量。(2)色彩的组合少，产生统一的基调。(3)形象组织上的规律和合理性。单纯的画面视觉效果好，单纯而醒目、利于记忆、便于加工、富于美感。(4)丰富的单纯，有一种丰富也会让人感觉单纯。如在日常生活中，纺织面料的质地、建筑墙面的质地、陶瓷工艺的表面处理，看似是由很多密集丰富的肌理组成的，但给人柔软的美感、粗犷的美感等。它们的聚集是单纯的，聚集在一起又组成了单纯的美感，有一种独特的魅力。所以单纯与丰富，在艺术表现中并不矛盾，主要是看如何安排和设计。

第五节　公益广告艺术作品视觉整体感的美

这里的整体，也可以理解为"全局""大局"。艺术绘画和艺术设计始终在训练眼睛的整体观察能力（其实这个道理与做人和做事也是相通的）。在艺术绘画和艺术设计中懂不懂得整体观察，会不会处理画面整体与局部的关系，是区分专业和非专业人员的分水岭。

整体与局部是相辅相成的，要防止局部跳出整体，也要防止只有整体而没有细节。在艺术界广为流传的罗丹与他的巴尔扎克雕像的故事就是说明整体与局部关系的典范。罗丹接受了法国文学家协会的一份订单，为已故文学大师巴尔扎克塑像。他耗费了七年工夫精心雕刻成了巴尔扎克塑像作品，应邀前来观看的学生们都一致为巴尔扎克雕像的手的精彩赞叹不已。罗丹略微思索却突然提起一把大斧砍掉了那双完美的手。学生们惊诧之后，罗丹告诉众人这双手太突出了，会分散人们对整尊雕像的注意力，所以不得不把它砍掉。罗丹与巴尔扎克雕像的故事告诉我们：有时为了保护整体的完整，需要我们决然地舍弃完美的局部。罗丹深谙局部应当服从全局的道理。现在我们看到的巴尔扎克雕像是全身被睡袍遮盖住的，面部神态显得更加突出，好像独自在月光下行走思考。这尊巴尔扎克雕像成为千古流芳之作。

心中要有全局观念，才能把握作品的整体美。如果只重视局部而忽略了全局，就失去了整体美。要把握整体美，当然也要重视局部，只有把二者紧密结合，才能创作出优秀作品。整体和部分既相互区别又相互联系。整体由部分组成，整体只有对于组成它的部分而言，才是一个确定的整体，没有部分就无所谓整体；部分是整体中的部分,没有整体也无所谓部分,任何部分离开了整体,它就失去了原本的意义。

在没有声音的平面艺术世界,要想表达感情,创造出艺术意境,也需要依靠作品的整体感来渲染气氛,实现与观众的情感沟通。在公益广告艺术创作中我们可以通过一些具体的艺术方法去实现,如:(1)公益广告的艺术形式要符合主题内容,即作品风格与内容表现要统一,实现其整体美感。(2)画面形象风格要统一,实现其整体美感。(3)画面形象安排要有序,主次得当,不琐碎杂乱,实现其整体美感。(4)色彩要有整体和谐美。(5)局部与整体要有牵一发而动全局的整体关系的美。

艺术作品创造意境,主要是依靠视觉作用与人的心理的"通感",如看到梅子马上感到酸,看到雪顿感清凉等。不仅如此,画面的整体感也能创造意境,如形体的聚集、造型统一的力量、色彩统一的力量等。张艺谋导演的《黄土地》《红高粱》等影片,就是充分运用了整体美感,使人们感受到强烈的艺术感染力。

总之,缺乏整体感就无法创造出画面的意境和美感。公益广告艺术作品要注意画面的整体美感,才能更好地引导观者通过想象和联想,在思想感情上受到感染,从而使作品具有启发、引导的力量,发挥其熏陶、感染、潜移默化的精神作用。

思考与练习

1.分析优秀公益广告作品中的审美感觉成因。

2.根据本章归纳的五大美感成因,审视自己创作的公益广告艺术作品。

3.根据审视自己作品发现的问题,总结经验,再创作新的公益广告艺术作品。

第七章 公益广告的艺术批评

公益广告艺术批评的主要依据是艺术批评理论。艺术批评是在一定思想观念和理论指导下,对具体的艺术现象、艺术作品、文艺思潮、文学流派的分析和评价,主要是针对作品的分析和评价。"批评"在这里是判断、评论、审视的意思,并不含有贬义。对好作品的肯定和赞扬,对坏作品的否定和批判,都属于艺术批评。艺术批评是推动艺术创作向前发展的必要环节。

第一节 艺术批评的概念

艺术批评是评价艺术作品、总结创作经验、开展艺术创作、开展作品评审等有关问题的讨论和论证的主要方式之一,对促进艺术和艺术作品的繁荣发展具有重要的作用。优秀的艺术批评还能以其正确的立场、观点、方法和丰富深刻的思想性,推动艺术发展和教育读者。艺术批评主要是针对具体的作品解决具体的实际问题,有很强的针对性。这是艺术批评的目的。

艺术批评涉及批评的对象和批评者两大问题。批评的对象,主要是艺术现象和艺术作品;批评者,是了解艺术作品创作规律并有真知灼见的行业权威、学界权威、艺术理论家、政府专家、人民群众、专业评价团体或评价机构和作者本身等。批评者以不同的社会身份、不同的立足点去评价作品，表现出艺术批评的多层次性。这里的层次所指的不是高下差别，而是相对不同经验者的批评取向。

西方关于艺术批评的早期著作是威廉·荷加斯的《美的分析》。我国关于艺术批评的著作，可以追溯到古代南齐作者刘勰所著的《文心雕龙》。书中关于批评的论述，有颇多精到的见解。其中，《知音》篇是中国文学理论批评史上探讨批评问题的早期权威专篇。它提出了批评的态度问题、批评家的主观修养问题、批评应该注意的方面等。它还具体阐述了其艺术批评的见解，批评"贵古贱今""崇己抑人""信伪迷真""各执一隅之解"等不应有的现象，要求批评家"无私于轻重，不偏于憎爱"。与此同时，它还提出了"六观"的批评方法："一观位体，看其内容与风格是否一致；二观置辞，看其文辞在表达情理上是否确切；三观通变，看其有否继承与变化；四观奇正，看其布局是否严谨妥当；五观事义，看其用典是否贴切；六观宫商，看其音韵声律是否完美。"①

第二节　艺术批评标准的作用

艺术批评标准的作用就是衡量和评价艺术作品的成败优劣。衡量和评价艺术作品的成败优劣需要有一定的尺度，这个尺度就是艺术批评标准，也是对艺术作品把关的准则。艺术批评标准的建立从来没有绝对的标准，始终秉持相对客观与科学的标准。在人类艺术史上，试图用一个评价尺度来规范所有的艺术活动及其作品是有困难的、不现实的。但同时，人类所从事的艺术又不可能失去必要

---

① 刘勰.文心雕龙[M].北京：人民文学出版社，1958.

的准绳,这一准绳与尺度是人们对客观世界获得共同认知的统一性的体现。确立艺术批评标准,必须依据和坚守一定的原则。

美学观与历史观的有机结合,是马克思主义文艺批评的最高标准。它要求对作家及其作品进行整体的把握,不可孤立地对作家或作品中某一方面进行批判而置其他方面于不顾,否则极容易陷入批评的误区,得出有失公正的评价。在艺术传达过程中,形式完美与否直接关系到艺术价值的高低优劣。[①] 在艺术作品中,艺术通过声音、色彩、线条、形体、语言的形式美组合规律而构成,艺术形式有其独立存在的价值,但很难脱离艺术的内容因素而孤立存在,因此,艺术形式美的独立性只能是相对的。艺术形式是人类对美的长期感官体验沉淀下来的历史文明和智慧显现,所可以说艺术作品是客观存在的,它的真假、善恶、美丑的社会作用的好坏也是客观存在的。只有在进步的历史观和世界观指导下,从广大人民群众的利益要求出发,充分尊重艺术创作的发展规律,才能建立正确的艺术批评标准;只有对艺术作品进行具体的、实事求是的分析,才能对艺术作品做出正确的判断和科学的评价。艺术批评标准,正是建筑在此基础上的。

第三节　艺术批评的类型

如前所述,批评者以不同的社会身份、不同的立足点去评价艺术作品,表现出艺术批评的多层次性。在进行公益广告艺术批评之前,我们考察以往的艺术批评并归纳出如下主要类型。

---

① 周忠厚,邹贤敏,印锡华,等.马克思主义文艺学思想发展史教程[M].北京:中国人民大学出版社,2002.

(一)判断式批评

以自己原有的美术史知识、既定的美学规律和固有的美感价值观为尺度来衡量、解释、评价作品。并提出自己的价值判断结论。

(二)印象式批评

直接观察作品,把自己的直觉和印象描述出来,偏重于欣赏、情感、感觉和感想的表达。以感性为主,将自己刹那间与作品接触所碰撞出的灵感火花,和作品所给予自己的启示以文字传达出来。

(三)考察背景式批评

这种品评方式的批评者持有的观点是作品当随时代。因此从考察美术作品产生的社会背景出发,观作品在当时的价值观、政治、经济、思想态度与民族特点的影响。以艺术作品的历史、社会与心理背景等来考查作品产生的原因,再对作品作出评价判断。

(四)形式主义批评

形式主义的艺术批评者认为,艺术作品的目的不是自然的再现,而是创作者对于自己个性情感和思想的意象表达。这种表达是通过点、线、面、色彩、肌理、形状、形式美的画面构成、平衡、对比、协调以及风格等美感为载体形成作品的,因此要从艺术的本体语言——形式美来考察和评价作品,强调形式美的分析和感受,重视形式结构的分析和说明,再形成评价和判断。

(五)民族文化立场式批评

站在本民族文化的立场,观其作品对本民族优秀文化的继承与发展的影响,以本民族积淀的优秀历史文化经典为衡量标准,承载着国家或民族的思维方式、价值观念、艺术文化精神,将作品看成是国家非物质文化的一部分,观作品是否对优秀民族文化传承和发展有所推动,是否能体现新时代精神并与时俱进,从而形成评价和判断。

以上所述是我们对一些主要的艺术批评类型的概括。这五种艺术批评类型是比较典型的类型。它们不是孤立存在而是互相穿插融汇的。在对具体艺术作品的艺术批评中,往往是多种类型的艺术批评同时存在,只是某一种倾向比较明显罢了。试想,如果每一种倾向都孤立地出现,仅从某一个角度评价作品,那这样的艺术批评也是有失偏颇的。由此可知,作为一个评价者,自身需要有多方面的知识结构和实践体验,才能更好地理解作品的艺术水平、思想情感与社会意义等,才能对作品作出较为客观和正确的解释与判断。因此,公益广告艺术批评应吸取各种类型的艺术批评之长,综合运用各类方法,这样才能更符合客观实际,才能真正对现实创作有指导意义。

第四节　公益广告艺术批评的方法

综合运用各种类型的艺术批评之长,总体可以将公益广告艺术批评的方法归纳为以下主要步骤。

(一) 作品的直观感受和描述

首先明确该公益广告艺术作品的目标,对它的整体画面、主题、素材、艺术表现风格、作品形式、形态等作直观的观察感受,并作简洁的描述。描述偏重于感性描述,如:作品名、作者名、什么时代的、作品尺寸、材质、发布媒体等,将自己那间与作品接触所触及视知觉的感受用文字描写出来。这里的观察与直观描述,并不是泛泛的看,而是用人的直觉去仔细观察。虽然没有经过分析推理,但人的直觉,俗称第六感觉,它是基于人的生长环境、职业、阅历、知识和本能混合在一起的一种感觉判断,它依据观察、感受、体验而获得,有经验的人产生的直觉也是有很大可靠性的。

(二) 作品的艺术性分析

对公益广告艺术作品的艺术性进行分析,可以从艺术创作知识和经验、艺术史知识、美学规律和美感价值观等方面来分析作品的艺术性,即作品的艺术形式和艺术风格等。可以从公益广告艺术作品的艺术创作手法的形式语言来分析作品。这一部分是发现作品的画面美或不美的重要依据,用现今的流行俗语说就是看其"颜值"怎样。这里的"颜值"就是指可见的作品的艺术表现。

(三) 作品的意义解释

对公益广告艺术作品的意义解释就是对公益广告画面所表现的人、物形象的象征意义、传达的内涵等作的分析。具体可以尝试对公益广告人或物的形象内涵、作品的创作背景和民族文化立场、作品所含的图像学和符号学意义等提出问题,并解释和回答探讨作品的现实意义。另外,也可以从作品的个性特征、反映的艺术风格与作品内涵是否统一进行探讨,等等。

(四) 作品价值的判断和评价

对作品价值的判断和评价主要包括艺术价值和思想价值两大方面:(1)使用所具备的艺术知识对公益广告艺术性的优劣给予合理的价值判断,从中外艺术对比的视角对公益广告艺术作品的优劣作出评价和判断,还可以从民族文化视角对公益广告艺术作品的优劣评价和判断。(2)从作品主题内容反映的社会现实背景、思想观、政治意义等价值优劣作出合理的价值判断,评价其作品思想水平的高低。合理的价值判断,取决于评价者的知识积累。一个文化素养丰富的人,有积极进步价值观的人,才能对作品内涵作出合理的价值判断。进行艺术批评,不仅仅是在评价他人作品的过程,也是评价者本身学习进步的过程。尤其是创作者如能参与艺术批评过程,会使自身的理论水平和创作水平都得到一定的提升。

第五节　公益广告艺术批评的标准

本书关于公益广告艺术批评的标准的观点已显而易见。如在第一章中阐明本书基于内容与形式的文艺理论,分析了公益广告艺术求真、求善、求美的艺术特质;第二章在其文化内涵中重点回顾历史经典,明确了继承与发展的历史观;第三章是创作思路;第四、五章是艺术语言和方法;第六章是审美创造;第七章是艺术批评。归结下来,本书对于公益广告艺术作品的艺术批评标准建议从五个方面去把握。(1)从主题与形式的统一性来审视和评价作品。(2)从对民族文化的继承与发展的文化性去审视和评价作品。(3)从表现语言的专业性去审视和评价作品。(4)从内容和导向的合法性审视和评价作品。(5)从社会评价方面去审视和评价作品。根据以上五个方面,本书提出"五观"①的评价标准如下,供公益广告作品的创作者和评价者参考。

一、观其主题与形式的统一性

公益广告是围绕人展开的,如人对社会现象持有的立场、观点,人对自然采取的态度等,其主题大多反映人与社会或人与自然的关系,其内容是根据主题需要来安排的。它的主题和内容应该是真实、深刻地反映社会生活,反映和保护人民大众的利益。面对社会问题,公益广告应以积极的方式或引导人们思考,或传播先进文化,或倡导保护弱势群体,或对有害行为进行警示教育,或对不良习俗

---

①　这里的"观"是指观察与审视,观察与审视的对象是公益广告艺术作品。

进行善意规劝,或以人类的良知启迪智慧等,积极促进社会精神文明建设,让人类赖以生存的地球更加美好。

公益广告的主题与内容必须代表先进文化,这就要求其表现形式一定得与之相配合,只有以美的表现形式来切合主题真与善的诉求,这样才能实现公益广告求真、求善、求美的统一,这样才称得上公益广告艺术作品。形式美是作品艺术性的表现之一,艺术性是作品审美品位的体现。这里说的艺术性不是怪诞猎奇,不是为艺术而艺术,而是为了主题而艺术,所以,表现作品形式的构图、色彩、主题形象、艺术风格等都是围绕主题而进行的,并最终达到主题的真与善和形式的美相统一。

二、观其民族文化的继承与发展的文化性

丰富、优秀的民族文化是公益广告创作的源泉,而公益广告又传播着中华优秀传统文化及其蕴含的思想观念、人文精神、道德规范,两方面相互作用,相互推动,引领着人们的价值取向。公益广告对于民族复兴大业、对于国家的精神文明建设有重要促进作用。习近平指出:"中华优秀传统文化是中华民族的文化根脉,其蕴含的思想观念、人文精神、道德规范,不仅是我们中国人思想和精神的内核,对解决人类问题也有重要价值。"公益广告中丰富的传统文化内涵,对树立国家认同,树立正确的价值观,使公益广告的核心价值与公众产生共鸣,将民族文化和国家精神发扬光大有着重要意义。中国是一个文明古国,五千年的发展历程可以为中国公益广告的创意提供源源不断的灵感。通过公益广告向世界介绍和弘扬中国传统文化,这也是中华民族文化自信的最直接体现。公益广告能引起民众从更深层次了解和运用中华优秀传统文化,从而提升民众对民族文化和国家的认同。

公益广告创作客观而有选择地继承民族文化的同时,也要考虑

时代精神。首先,要立足民族文化,同时吸收、融合外来文化的精华。不因吸收外来文化的精华而否定或淹没民族的东西,也不因热爱民族文化而全盘抗拒外来的优秀经验。不论是发扬民族文化还是借鉴外国经验,都不能一味地照搬模仿,而应推陈出新,创造具有独特魅力的广告设计。其次,要批判地继承民族传统文化,取其精华,弃其糟粕,不可将以前陈旧落后、不健康的东西纳入公益广告宣传中,败坏人们的审美趣味。扎根于中华优秀传统文化,同时也要不断学习和引进国外先进的设计思想,将二者融会贯通,提高我们的文化修养和艺术素养,为创作好的作品并构建有中国特色的公益广告作准备。

三、观其表现语言的专业性

表现语言是专业性的体现,公益广告艺术作品的专业性直接关乎作品的品质。公益广告作为一种高层次的广告形式,它自身也应该是高品位和高品质的。如果不重视表现语言的专业性就会出现制作水平低下、粗制滥造、急功近利的作品。

公益广告的专业语言不能一概而论,也要根据不同媒体的专业特性来定。如我们前面第四章和第五章就是专门讲专业语言的,广播媒体公益广告、平面媒体公益广告、影视媒体公益广告各有其专业语言,所以它们的评价也要分类评价。

虽然不同媒体有各自不同的特性,专业语言也不尽相同,但创作者从专业的角度出发的认真负责的态度和精神是一致的,还有对所有媒体作品的审美品质的评价也是有共性的。比如,平面媒体公益广告要保证主题形象造型美观醒目,元素构成合乎视觉秩序美感、严谨、和谐、韵律、对比、节奏、变化统一的审美原则,风格独特,色彩美观协调等,作品的后期执行应精益求精,体现专业水平和先进的技术含量;影视媒体公益广告要主题叙事清楚,情节生动、曲折,镜头语言运用得当,画面、声音和音乐音响均能体现高质量,也是要求作品的后期执行精益求精,体现专业水平和先进的技术含量;广播公益广告要遵循专业语言艺术的规律和音乐艺术所构成的旋律美,以及广播媒体的规律,也是要求作品的后期执行应精益求精,体现专业水平和先进技术含量。

专业语言是专业能力和水平的体现,也是专业精神和敬业精神的结果。追求专业语言和专业精神,才能出精品。俗话说兵不在多而在精,公益广告也一样,重要的是以质取胜。我们必须树立精品意识,向着追求精品、止于至善的方向不懈努力。

四、观其内容和导向的合法性

我国公益广告的管理制度在不断健全中。2016 年《公益广告促进和管理暂行办法》已由中央政府门户网站和新闻出版广电总局网站正式公布。此后,各省市也有公益广告管理规定相继出台。

公益广告作品的创作者必须了解和遵守这些公益广告法规,从遵守公益广告法规的角度对作品进行审视和规范。如国家《公益广告促进和管理暂行办法》中第 5 条明确规定:"公益广告应当保证质量,内容符合下列规定:(一)价值导向正确,符合国家法律法规和社会主义道德规范要求;(二)体现国家和社会公共利益;(三)语言文字使用规范;(四)艺术表现形式得当,文化品位良好。"第 6 条明确规定:"公益广告应当与商业广告内容相区别,商业广告中涉及社会责任内容的,不属于公益广告。"第 9 条规定:"广播电台、电视台按照新闻出版广电部门规定的条(次),在每套节目每日播出公益广告。其中,广播电台在 6:00 至 8:00、11:00 至 13:00,电视台在19:00 至 21:00,播出数量不得少于主管部门规定的条(次)。"第14 条规定:"公益广告设计制作者依法享有公益广告著作权,任何单位和个人应依法使用公益广告作品,未经著作权人同意,不得擅自使用或者更改使用。"各省市出台的公益广告依据国家的公益广告法规并有地方特色,如《大连市公益广告管理规定》中第7条规定:"公益广告应符合下列规定:(一)观点正确,符合国家法律、法规、规章和社会主义道德规范的要求;(二)主题鲜明,体现社会和公共利益;(三)语言文字规范,视听语言用法得当;(四)画面色彩协调、美观大方,制作严谨;(五)媒体特征把握准确,便于信息传递。"第8条规定:"设计、制作公益广告不得有下列行为:(一)文字、图片标注企业名称的面积超过版面1/10;(二)影视作品显示企业名称的时间超过5秒,面积超过画面1/5;(三)标注、显示企业产品名称、商标标识,以及涉及与企业产品或提供服务有关的内容;(四)其他变相设计、制作商业广告的行为。"第9条规定:"公益广告作品,其作者属于广告发布者的,可以自行发布;不属于广告发布者的,可以选择相应的广告发布者由其择优发布,也可以请市工商行政管理局推荐给广告发布者发布。"

五、观其社会评价的时效性

公益广告的宗旨在于能否服务于社会,能否得到公众的共鸣,能否使人受到感动,从而产生社会影响力。公益广告艺术作品要接受社会的监督和检验,才能与时俱进,守正创新。公益广告的创作不仅要在思想观念上创新,还要在艺术和技术手段上创新,不断地增强作品的艺术性、审美性、文化内涵、趣味性,更好地为受众服务。

公益广告的社会评价要根据作品对公益广告宗旨追求的体现来评价,具体可落实到公益广告对社会功能追求的体现,如本书前面归纳的公益广告的六大社会功能:文化传播功能、教育引导功能、价值观导向功能、监督警示功能、组织凝聚功能、审美培育功能。对公益广告的艺术评价,主要是看其艺术功能(即其真、善、美的传播效应)的发挥是否能得到社会认可,是否可以通过作品的获奖或经受众调查来获取社会效果的反馈,等等,这些方面大家可进一步讨论。

公益广告社会评价的对象可以是公益广告艺术作品,也可以是公益广告现象。评价它们时不仅要审视其积极的正面,更要审视其是否有负面影响的可能,如:审视其是否存在真实性缺失、观念误导、价值观扭曲、人格歧视、低俗恶搞、不当对比、侵犯隐私、道德失范、格调低下、恐怖诉求、观念以偏概全、审美水平低下、同质化、粗制滥造、对户外环境品味有拉低倾向等现象,对此要坚决避免和杜绝。

参与社会评价的人可以有行业权威、学界权威、政府专家、专业工作者、社会受众、专业评价团体或评价机构和作者本身等。评价人本身必须具备以下素养。

(一)思想水平的素养

评价人本身需要加强学习,紧跟时代的发展步伐,自觉加强自身素质,坚持正确的价值观,遵循诚实守信,尊重他人,坚持公平正义,恪守伦理道德规范,体现对社会的负责,真正成为一位有社会责任感的合格把关人,并最终能促进公益广告健康发展,促进公益艺术广告作品水平的不断提升。

(二)专业才能的素养

评价人本身具有广告媒体素养或公益广告专业素养,对作品是否精良有正确的判断,如:公益广告的表现语言是否专业、是否有文化底蕴、是否有艺术创意、是否最新流行、是否能对提高公众的审美有帮助等。

总之,公益广告的社会评价包含多项内容,但总体是站在马克思、恩格斯美学与历史的文艺批评思想立场上,以中国传统文艺批评理论为基础,开展对公益广告艺术创作的评论和评审等。它对促进公益广告和公益广告艺术作品的繁荣发展、不断推出优秀作品具有重要的作用。

　　艺术批评形式是多元化的,有作品评审、有理论研讨、有学术评论等。公益广告艺术批评有三种最基本的功能:一是分析与解释功能;二是判断与审视功能;三是预告与导向功能。艺术批评是通过对作品和作品思想的剖析,把实践上升为理论,通过评论反过来再推动实践的发展。

　　公益广告是先进文化的代表,要保证公益广告艺术作品的先进品质,使公益广告为推动人类文明进步、国家建设和维护人类社会生存发展的命运共同体做出有益的贡献。评价标准不是僵化的条例,作品的评价标准也如做人的标准一样,最美在于灵魂。天行健,君子以自强不息;地势坤,君子以厚德载物。为天地立心、为生民立命、健康向上、坚韧不拔、厚实包容、大气悲悯的美德是人类永恒的追求,也是公益广告艺术作品永恒的生命力。

思考与练习

1.谈谈什么是艺术批评? 艺术批评的类型有哪些?

2.分析比较中外公益广告作品的特点。

3.思考创作者和作品把关人应有的社会责任有哪些具体内容。

4.审视影响公益广告艺术作品品质的因素有哪些。

附录一　公益广告金句集锦

　　这里汇聚了从不同角度解读公益广告的金句。这些金句从不同维度展现了公益广告的风采。希望读者们能通过这些金句,更好地认识、理解公益广告。

公益广告的主体是"公"。公,是公家、是公众。公益广告要站在国家的立场、民族的立场、党的立场,要坚持人民至上的原则。

——丁俊杰

做用心公益的广告人:爱心、善心、热心、细心、耐心、公益心与责任心

——莫康孙

有效的公益广告,改变人们观念,影响人们言行。

——黄合水

新中国以来,户外公益广告一直是中国社会公益广告的主要传播方式,虽然经历了社会变迁和技术演变,但一直是大众喜闻乐见的公益广告形态。

——张　翔

洞察人性的创意才是公益广告的核心,否则只是一套空泛的说教,无法触及人的灵魂。

——韩志强

公益广告是广告史中的重要组成部分,新中国公益广告发展史的研究可以透过公益广告这个独特视角来关照新中国政治经济文化等领域的发展和传播。

——祝　帅

从"群契优先"到"民安为重":公益广告作为中国方案。

——林升栋

新时代中国公益广告创新与发展必须根植于我国深厚的传统文

化,才能更好地体现中国价值精神的历史性责任。

——谢清果

公益广告弘扬中华文明好风尚、弘扬社会主义核心价值观,是凝魂聚气、强基固本的基础工程。

——陈素白

广告教育不但培养服务于经济建设的人才,也培养服务于精神文明建设的人才,公益广告与商业广告同等重要。

——曾秀芹

公益广告的魅力在于动态平衡的美感,在于方法路径的先进性、科学性与审美体验性之间的张力与平衡。

——宫　贺

公益广告是社会的良心,在充斥"买买买"的商业信息的现代社会,尤其需要公益广告作为一种平衡。

——赵　洁

对受众而言,走心的公益广告有启发意义和价值。走心就是能让人感到温暖、关怀、关爱、感动。

——朱健强、洪小东

公益广告承载着包容和大爱的精神,反映着广告对促进国家、社会以及个人发展的意义和价值,应得到学界和业界更多的关注。

——张　楠

公益广告通过大众更容易接受的方式发挥其教育功能,传播积极的价值观,引导健康意识和行为。公益广告多多益善!!!

——白海青

优秀的公益广告就像艺术一样能培育审美情操,滋养精神文明,是广告教育和美育的重要环节。

——周　雨

公益广告帮助人们从关注自己,转向关注社会和他人的需要,点燃美善之光,愿有更多触动人心灵的公益广告被传播,被看见。

——王　晶

公益广告,让广告人的创意为公共利益发声。

——王　霏

用公益广告助力我们对美好生活的向往。

——陈经超

公益广告是善的教化、爱的心声、美的表达。

——陈　瑞

中国公益广告研究既要"自上而下",关注中国式现代化背景下的广告治理,也要转换视角,"自下而上"研究民间社会和普通民众对公益广告的感知与体会,既有宏大叙事又有微观视野。

——宣长春

公益广告是一股正能量,正推动着社会的进步,也推动着商业广告传播内容更加注重社会关怀。

——苏　文

虚拟现实技术融入公益广告创作,为受众提供沉浸式情感体验;增强现实技术融入公益广告创意,在现实环境中嵌入虚拟元素,增强受众与公益广告内容的互动;数据分析技术融入公益广告创意,精准的投放,关怀到更多受众个体。

——申帅芝

公益广告与中国传统吉祥文化相结合,可以更鲜明地突显中国精神、中国形象和中国文化。如中国吉祥符号福、禄、寿、喜、财、吉、安、和等都可以帮助公益广告主题的话语阐释和表达。

——陈贝迪

公益广告是灯塔、是璀璨的明珠,照亮人们的心灵。公益广告是精神文明的传播载体,是中华文化的传播载体。

——胡晨曦

公益广告是传播社会主义精神文明的窗口,是树立国家形象的名片之一,是树立企业形象的名片之一,为社会健康进步提供重要的支持。

——朱　墨

好的公益广告有着极强的感召力,我们需要有温度、有深度、有力度的公益广告艺术作品。

——张　琳

附录二 "公益广告创作"课程作品选

选登的这些公益广告作品,是厦门大学"广告设计"课程和"公益广告创作"课程的学生作业。同学们在传统艺术经典和现代艺术经典学习中,用专业的语言创作自己的作品。作品的诉求和表现或给人以启发,或给人以美的享受。这些作品的主题涉及"讲文明树新风""珍惜生命""爱惜粮食""爱护动物""保护环境""保护海洋""防疫抗疫""传承文化""传播真善美""自信""爱国"等方面,作品传播向上、向善的社会道德风尚,传播友爱、文明的理念,具有良好的社会意义和较高的价值。这些作品在艺术手法方面依据视觉审美的原则,注意主体形象与主题内容相关联,注意主体形象的视觉诱导力和创意、注意构图和色彩的形式美,使得艺术形式的美与内容的健康交相辉映。这些作品在课程实践环节,参加了全国大学生广告艺术大赛、全国讲文明树新风公益广告大赛、海峡两岸公益广告大赛等,不少作品已获过奖和得到过好评。前浪带动后浪,后浪推动前浪,同学们的作品也在不断进步。同时,这对于同学们的媒体责任意识的建立也起到重要作用。这些学生们学习阶段的作品,还很稚嫩,但稚嫩中又透出可贵的青春气息和跃动的生命力,值得肯定。

作品： 光盘行动（为第七届大广赛公益广告命题创作）
作者： 付彤彤
课程： 广告设计基础

作品：生命 海洋 母亲（为福建省海峡两岸文博会创作）
作者：张羽绮
课程：公益广告创作

保护生命的共生

是康 人类的 海洋以博大的
你 节约海洋资源 珍爱海洋
我的 责任 保护海洋 健着
源 养育

珍爱生命的和谐

是康 人类的 海洋以博大的
你 节约海洋资源 保护海洋
我的 责任 源 养育健着

吐在地上的口香糖，会不会让你更美丽？

作品：美好生活（为第四届大广赛公益广告命题创作）
作者：王信
课程：广告设计基础

在地上扔块香蕉皮，生活随时充满乐趣？

作品：责任与担当（为第十一届大广赛公益广告命题创作）
作者：吴培源
课程：公益广告创作

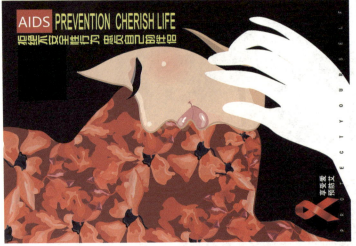

作品：爱与防艾（为世界卫生组织"艾滋病防治宣传校园行"活动创作

作者：郑琪

课程：公益广告创作

善行 是善心善言的实现

知行合一——美德加身

善言 是善心善行的表达

口出善言 身心端正

善心 是善言善行的起点

养子之心 心地纯洁

作品：善心、善言、善行（为第十届大广赛公益广告命题创作）

作者：陈刘嘉懿

课程：公益广告创作

作品：世界读书日（为第二届大广赛公益广告命题创作）

作者：朱墨

课程：广告设计基础

作品： 强国心曲（为第十四届大广赛公益广告命题创作）
作者： 陈权欣
课程： 公益广告创作

后 记

春生、夏长、秋收、冬藏，《公益广告艺术创作》一书也是经过了萌生、酝酿、生长、储备的过程，在2021年春节过后完成了初稿，2022年秋完成了正式出版稿。

《公益广告艺术创作》一书是我在广告艺术教学实践中延伸出的"公益广告创作"课程的配套教材。这门课程申请于2019年2月，提交厦大教务处获批准，2019年9月正式开课。它是厦大新闻传播学院广告学、新闻学、广播电视学和传播学的跨专业选修课程。课程至今已上过五轮，其中一次是开设在厦大创意创新学院。此书是厦门大学教务处资助的教材，是我在教学过程中的探索和体会，在此以书会友，以期不断完善。

此书也是通过广告界前辈和同仁们给我的启发和影响得来的。改革开放四十多年来的中国广告界，我的前辈和同仁们一路风雨兼程、开拓奋进，以中国广告人的理想和追求，创建了各类专业平台，共同推动着中国广告界的繁荣。全国大学生广告艺术大赛是其中之一，这个对中国广告教育有着巨大影响的实践创新平台，让课堂教学延伸到真题真做的商业广告创作和为社会服务的公益广告创作。有一次，我和刘瑞武老师一起探讨公益广告时，她说大广赛历来重视公益广告，从第一届起就设立了公益广告命题，每一届都不能少，我们必须告诉学生做广告的社会责任。这对我开设"公益广告创作"课程产生了重要影响，同时也是我写《公益广告艺术创作》一书的动力。2018 年，在大广赛实践的推动下我获得中国高等教育学会"十三五"规划广告教育与学科竞赛的课题立项，这本《公益广告艺术创作》也是课题成果的一部分。

目前我国公益广告事业蓬勃发展，影响力不断增大。我在关注公益广告的过程中发现我们的公益广告作品整体创作水平还有很大提升空间，迫切需要解决作品的同质化、创意平庸等问题。公益广告作品应该是思想性和艺术性的统一，是真善美在作品中的体现。"艺术"在公益广告中可以完善主题诉求，是用来提升作品品质的，加强艺术性、提高艺术品质很重要。

本书的主要内容是针对公益广告艺术的表现展开的，共分七个章节，从认识、知识、方法、审读四大方面循序展开，阐述创作优秀公益广告作品的途径，每一章内容有相互连贯的知识结构，并互相交叉渗透、融合统一。本书的主要个人观点有：

（一）公益广告艺术与其他任何艺术一样具有求真、求善、求美的艺术特质。创作公益广告作品要将追求真善美作为理想，把为人服务和社会责任放在首位。

（二）公益广告不仅有广告属性，也有文化艺术属性，公益广告是人类文明发展进程中的文化结晶之一，因此要从文化历史视角考察公益广告艺术的历史，从历史的经典中学习、继承、发展，并与生活实际相碰撞，这样才能创作出优秀的公益广告作品。

（三）公益广告艺术创作与文学艺术创作一样，须遵循内容和形式两大方面的规律。让健康的思想内容和尽可能完美的艺术形式相统一。让公益广告作品发挥春风化雨、润物无声的作用。

（四）公益广告作品应当重视审美品质，发挥公众审美教育这一重要方面作用。

（五）本书从东西方前人艺术批评理论中汲取精华，提出了公益广告"五观"的质量评价标准：一观其主题与形式的统一性；二观其民族文化的继承与发展的文化性；三观其表现语言的专业性；四观其内容和导向的合法性；五观其社会评价的时效性。可供学习者借鉴并发展。

当前 AI 技术正在走进我们的时代，ChatGPT 及其背后的生成式人工智能技术火爆。新技术对于广告业来说，是挑战，也是机遇。人工智能在生成文案、设计等方面，速度和精准度都令人惊异。它在营销和设计等方面对广告业的渗透，使广告更好地匹配市场需求。AI 技术将为公益广告艺术创作带来了全新的可能，但人、文化和艺术才是创作的根源。

2021 年 4 月，厦门大学迎来百年校庆，我原打算将本书作为厦大百年校庆的一份小小贺礼，但因为开学后的忙碌和想对书稿再做进一步推敲，就在时间上推迟了。但我对厦大百年校庆的祝福心意依然都在此书中。感恩厦大给了我坚持实践育人和艺术育人的平台，给了我坚持理论顶天、实务立地的课程理念，给了我把握未来广告人才教育方向和在探索中求创新、在创新中求发展的目标。

写作是辛苦的劳动，同时也是充满感动的过程。借此，致谢广告教育前辈刘瑞武老师、陈培爱老师百忙中为本书写序，致谢厦大教务处对本书的出版资助，致谢厦大出版社姚五民老师、李夏凌老师百忙中对书稿的辛勤付出。此外，还要感谢支持我的同仁、学子、家人和朋友。

祝福大家健康、快乐、如意，祝福中国广告事业向着美好继续蓬勃发展。

罗　萍

2022 年秋于厦大